I0815165

TEXTES DE LA RENAISSANCE
4

Le Cymbalum Mundi

Cet ouvrage a été publié pour la première fois en 1995 dans la collection *Textes de la Renaissance* dirigée par Claude Blum.

Bonaventure des Périers

Le Cymbalum Mundi

avec un dossier et des textes d'accompagnement

Édition critique par Yves Delègue

PARIS
CLASSIQUES GARNIER

Yves Delègue, maître de conférences à l'université de Strasbourg, est spécialiste de l'histoire des théories linguistiques. Ses travaux s'intéressent aux enjeux esthétiques, stylistiques et philosophiques de la *mimèsis*. Nous lui devons *La Perte des mots. Essai sur la naissance de la littérature aux* XVIe *et* XVIIe *siècles* (Strasbourg, 1990) et *Imitation et vérité en littérature* (Strasbourg, 2008).

Réimpression de l'édition de Paris, 1995.

ISBN 978-2-406-14444-1 (livre broché)
ISBN 978-2-8124-5221-5 (livre relié)
ISSN 1262-2842

AVANT-PROPOS

Le *Cymbalum Mundi* (que nous écrirons CM au long de ces pages) est l'une de ces oeuvres brèves et fortes, qu'un quasi silence, à peine effleuré par les querelles des spécialistes, enfonce dans l'oubli.

Les raisons de ce silence sont au moins triples. La première tient, bien sûr, à l'éloignement du temps ; les problèmes du XVIe siècle semblent loin des nôtres, exprimés dans une langue devenue, pense-t-on, illisible. La lecture quasi "innocente", de ces quatre courts dialogues devrait contribuer à ébranler ces préjugés : on les traverse presque sans peine, tant ils sont marqués par une oralité apparemment sans artifice.

La seconde raison tient au fait que le CM a mauvaise réputation : il fait partie des livres maudits dont les pions de la moralité publique croyaient, naguère encore, devoir surveiller la lecture, car c'est un livre subversif. "En plein XIXe siècle, en 1858, le procureur impérial interdisait ainsi la Revue philosophique coupable d'avoir publié des extraits du *Cymbalum Mundi*"[1] : l'oubli dans lequel cette oeuvre est toujours maintenue prouve que la condamnation n'a pas encore été levée.

Troisième raison enfin : les spécialistes ont tellement débattu du "sens" à donner au CM, que celui-ci est leur chasse gardée ou leur propriété : comment en parler sans connaître leurs gloses ? L'oeuvre en est devenue inaccessible à tout autre qu'eux. Il n'est pas question ici de méconnaître les apports (même ou surtout ceux négatifs !) de l'érudition : grâce à elle, divers contextes du CM ont été dégagés, des hypothèses ont été avancées, sans qu'on soit tombé d'accord sur sa visée. Mais il m'a semblé que, sans entrer dans le détail des querelles, il était possible de proposer une lecture qui se situe au-delà des interprétations divergentes et souvent par trop vétilleuses. Je n'entends

---

1 Paul Morand, *Mon plaisir en littérature*, cité par W. Boerner (B9 : je renverrai de cette façon à la bibliographie en fin de volume, le numéro étant celui de l'ouvrage concerné).

pas imposer "son" sens à ce livret redoutable, et encore moins "mon" sens : mais suivre une ligne d'intelligibilité qui me paraît en enlacer d'autres, et sur laquelle on n'a pas suffisamment insisté. Loin de clore les débats, j'aimerais les relancer en attirant les regards sur d'autres problèmes que ceux dont il a été l'occasion.

Il est urgent de donner à lire le CM au plus vaste public, à commencer par celui des étudiants de littérature, qui n'en savent peut-être même pas le nom. Pourtant il posait à son siècle des questions brûlantes, qui n'ont pas cessé de troubler les suivants, et je doute qu'on leur ait aujourd'hui apporté les réponses attendues : notre modernité y est sans cesse interpelée sous l'angle du langage et du "ce que parler veut dire".

INTRODUCTION

LE "CYMBALUM MUNDI" OU LA PAROLE EN QUESTION

La parole interdite ?

Il faut en prendre son parti : le *Cymbalum Mundi* a emporté avec lui la clef de ses mystères. L'étude scrupuleuse de W. Boerner, venant après celle de D. Neidhart, enlève toute espérance à qui prétendrait accorder ces quatre irritants dialogues avec les données de leur auteur supposé et de leur contexte : les références au temps y sont nombreuses, mais leur diversité, leur flou interdisent qu'on réduise l'interprétation à l'un ou l'autre des courants d'alors. Les suppositions les plus contradictoires ont été avancées avec vraisemblance, mais aucune ne satisfait, et W. Boerner a justement montré que celles de L. Febvre, ou de V. -L. Saulnier suivi par P. Nurse (pour prendre des exemples opposés), reposent sur des oublis, des partis pris ou des méconnaissances[1].

Le CM aurait-il donc remporté l'éclatante victoire posthume d'interdire la parole à qui cherche la solution de ses énigmes ? Aurait-il mis tous ses lecteurs en posture de jouer, devant un Mercure moqueur qui s'en délecte, le jeu des "resveurs philosophes", ces "veaux", qui, au deuxième dialogue, se battent, chacun croyant détenir la pierre philosophale ? Faut-il à notre tour renoncer à trouver celle de ce texte, et obtempérer à la loi du silence qu'il lui arrive d'édicter ? A moins qu'il n'y ait malentendu. Certes Des Périers devait être homme à goûter les bons tours, et le CM, s'il est bien son oeuvre, prouve son art de brouiller les pistes. Peut-être savait-il qu'un grand texte est celui dont la sourde part d'illisibilité suscitera toujours un supplément de textualité pour répondre à l'appel ambigu de son sens ? A condition

---

1 On trouvera en fin de volume dans notre bibliographie les indications relatives à toutes ces études. Pour faire bref, disons que chez les modernes le CM a été l'objet de quatre sortes d'interprétation : livre de satire plaisante (Chenevière B10, Delaruelle B18, Morrison B27) ; livre sceptique, épicurien (Becker B8, Bohatec B16, Wencelius B38) ; livre antireligieux (Frank B11, Lefranc B25, Febvre B12, Busson B17, Mayer B26) ; livre de mystique évangélique (Saulnier B32, Nurse B7).

qu'à cette parole adjacente, on ne prétende pas donner le statut d'une vérité close sur son credo ; aucune clé n'ouvre et ne ferme les grands textes, dont l'énigme admet diverses réponses, pourvu qu'elles soient compatibles avec la logique éclatée de sa littéralité. Peut-être le CM ne frappe-t-il de dérision que les commentateurs qui prennent leur "commentir" pour oracle et refusent le jeu. Rabelais au même moment disait-il autre chose ?

I. LA PAROLE EN ACCUSATION

Un livret subversif

Au siècle de sa parution (1537, 1538), le CM a sur un point quasiment[1] fait l'unanimité : c'était un livret "subversif". Le roi François en avait été directement informé et c'est lui qui commanda les poursuites contre l'éditeur et l'auteur anonyme. Le Parlement, saisi sur son ordre, avait déféré le cas aux Docteurs en Sorbonne qui furent obligés de constater, à regret sans doute, qu'ils n'avaient trouvé dans ce texte "nulle erreur contre la foi" ; "mais, disaient-ils, parce qu'il était subversif (*perniciosus*) il fallait le supprimer"[2]. Aujourd'hui encore, on peut en croire ces "cerveaux à bourrelet grabeleurs de corrections", comme dira un peu plus tard Rabelais : ils flairaient de loin, jusque dans les écrits de la reine Marguerite, la protectrice de Des Périers, la moindre senteur d'hérésie. Pourtant dès ce temps, et de nos jours encore, les lecteurs, Calvin en tête, plus sorbonicoles que les sorbonagres en titre, n'ont eu de cesse de lire dans le CM un manuel d'athéisme. Même lorsque V. -L. Saulnier[3], renversant spectaculairement l'interprétation, voulut y découvrir le bréviaire silencieux d'un évangélisme proche de celui de Marguerite de Navarre, la thèse, pour être surprenante, ne quittait pas le terrain admis de tous, celui de la théologie, à croire que Des Périers, contredisant le propos

---

1 Voir en annexe notre Dossier, où seul Du Verdier fait exception.

2 Le livret fut si bien détruit qu'il n'en reste que trois exemplaires. Sur les circontances de la parution, voir notamment B16 et B20.

3 B32. Nurse (B7) est allé encore plus loin en ce sens.

même de son deuxième dialogue, s'était à son tour précipité dans l'arène où il faisait risiblement débattre entre eux les "matéologiens" tant raillés déjà par Erasme. A croire surtout qu'il n'y a de subversion qu'en matière de foi. Sans entrer ici dans l'examen de ces thèses contradictoires (W. Boerner l'a conduit avec une redoutable précision), ne peut-on avancer que le caractère pernicieux, subversif, de ces dialogues ne tient peut-être pas, comme la Sorbonne l'avait finement perçu, à des thèses exprimées ou implicites, ni aux railleries dont seraient les victimes un Mercure-Christ aussi dérisoire que pervers, ou de vains disputeurs ? Si subversion il y a, et j'en conviens, n'est-elle pas plus radicale que ne l'ont cru ceux qui l'ont cherchée dans quelque délit d'opinion ? Le CM raille toutes les "opinions"[1], mais dans le dessein de sonder leur source même, c'est-à-dire la "parole"[2], qui les invente et les exprime ; il jette le doute sur cela même dont la maîtrise permet à certains de s'arroger autorité et pouvoir. Pas plus que chez Rabelais, Montaigne et d'autres, on ne trouve dans le CM de "pensée"[3] constituée, fût-elle hétérodoxe : c'eût été déjà accepter de jouer le jeu langagier que ces auteurs tenaient dans le suspens de leur suspicion généralisée : ils n'avaient d'autre "pensée" que celle d'un questionnement, irréductible même au scepticisme tranquille de la tradition philosophique.

Pareil dessein avait de quoi inquiéter tous les pouvoirs, qu'ils fussent ou non bien-pensants : il les remettait tous en cause, les renvoyant aux fondements même de la parole dont ils tiraient leur légitimité. La force du CM réside essentiellement dans la "satire de l'usage de la parole"(*Redepraxis*)[4], pour reprendre le sous-titre du

---

1 C'est l'un des termes-clefs du CM : le Dialogue II en fait une revue sur un ton érasmien et déjà prévoltairien.

2 Il faut inclure dans ce terme l'écriture, qui dans le CM n'est jamais qu'une parole écrite, qu'elle soit ou non d'origine divine.

3 Saulnier par exemple croit exposer "la pensée essentielle", "la thèse générale", "la philosophie" de Des Périers (B32 p. 142, 143, 153).

4 Voici le résumé que Boerner donne de son interprétation : "nous avons compris le *Cymbalum Mundi* comme une satire de la société peinte dans ses représentants typiques. Le premier dialogue est dirigé contre les agents tout puissants de l'Etat, devant lesquels même un dieu est contraint d'avoir peur. Le deuxième caricature les porte-paroles de la Réforme, qui approuvent les changements sociaux

travail de Boerner, à condition toutefois de ne pas restreindre cette satire, comme le fait malheureusement notre critique, aux querelles littéraires, religieuses et sociales du temps. Sans aucun doute, l'auteur du CM avait en tête les événements contemporains, il en connaissait tous les débats, il n'excluait sans doute pas qu'on pût faire entre ses personnages et ceux de la réalité ou de l'Ecriture les rapprochements les plus libres ; mais la satire visait plus loin, là où s'autorisent tous les abus de "pensée". Avec une modestie non exempte de rouerie (peut-être est-ce là toute sa leçon), il traçait les limites et les pouvoirs de la parole en exercice, ses dangers et ses illusions, sa vérité et sa pitié aussi : depuis le ciel des dieux jusqu'au sous-sol des Antipodes, il traçait comme un itinéraire dans les terres méconnues, mais en ces temps redécouvertes, de "l'éloquence". Nous en suivrons les étapes échelonnées de dialogue en dialogue, moins mystérieuses qu'il ne le semble, du moment que notre premier souci n'est pas d'attribuer les noms de la réalité aux personnages de la fiction, mais de sonder le terrain où le savoir éclôt.

La parole d'en haut

La première étape nous introduit dans la fiction carnavalesque d'un monde à l'envers, où dieux et hommes échangent leur place. Mais ce

---

dans la seule mesure où leurs avantages matériels en sont accrus. Le troisième raille les conventions sociales d'une couche qui a gagné fortune et crédit, le comportement des femmes et la naïveté des pauvres. Les causeurs mis en scène ne déplorent pas seulement la misère de leur existence individuelle. Exemplairement est illustrée la façon dont ils gardent le droit de leur côté, en usant de moyens rhétoriques qui n'en sont pas moins douteux. Le *Cymbalum Mundi* témoigne d'un essai pour transformer le monde d'ici-bas à partir de positions éthico-sociales, et cela dans le but de simplifier les rapports entre la parole et l'action, c'est aussi la restauration d'un ordre perdu. Ce livre atteste une foi chrétienne qui inclut la force nécessaire pour surmonter les conflits sociaux ; il n'exprime pas l'expression d'un rationalisme critique" (B15 p. 282-283).

Ce jugement, dont on peut approuver tel ou tel point, prouve une fois de plus le danger que court toute critique dont l'ultime référence explicative est le contexte social des ouvrages : elle s'interdit de s'interroger sur ce qui, dans chacun d'eux, est susceptible de dépasser le moment où ils s'inscrivent. La force du CM n'est pas de défendre ni d'attaquer telle ou telle position religieuse, sociale ou politique, mais de viser, à travers des figures contemporaines dont il n'est pas aisé toujours de cerner la réalité, le lieu où toutes ces figures contradictoires se rejoignent dans la même dérision : à savoir l'exercice d'une parole qu'a rendue ivre la perte de son origine.

cadre comique, où l'inspiration littéraire se mêle à la farce, où Lucien fait bon ménage avec les masques de foire, prête moins à rire qu'il n'inquiète : le Verbe divin, qui était au commencement de tout et des dieux mêmes, est dérobé sous nos yeux par deux joyeux escrocs, Byrphanes et Curtalius. L'affaire, on en conviendra, est d'importance. Mercure, en bouffon de comédie[1], sous les traits d'un commissionnaire débordé que les dieux curieux, envieux de notre monde et lassés du leur, ont chargé de leur rapporter les nouveautés d'ici-bas, se fait voler, dans un cabaret où lui-même médite un vol, le "livre d'immortalité" qu'il devait porter à relier tant sa vieillesse le menaçait de ruine. La somme du savoir jupitérien y était consignée ; il contenait les destinées passées et futures : bref, il était le socle originaire de la Vérité. Au ciel usé, décati, la terre oppose sa jeunesse, son invention, et, grâce à nos deux compères, elle prend la relève des tyrans fatigués d'En-Haut. La Vérité change de main : l'humanité est-elle en passe de supplanter les dieux ?

On croit reconnaître le thème, celui par exemple que certains se sont accordés à lire dans l'épisode fameux du Pantagruélion rabelaisien. Le vol du Livre marquerait la fin de la "croyance"[2] naïve que les hommes lui portaient : l'expérience se substituerait à la foi. Le problème de fond débattu dans ce premier dialogue est, en effet, celui de la confiance qu'il faut accorder à la parole écrite-orale. Il revient avec insistance dans chacun des trois débats qui opposent d'abord Byrphanes à Curtalius, puis ces deux personnages à Mercure à propos du vin de Beaune comparé au nectar, et Mercure enfin à l'Hôtesse. Jusque là, le Livre, propriété des dieux, échappait à la vérification de l'expérience. Maintenant, livre parmi les livres, au point que les deux larrons osent lui en substituer un autre de semblable apparence qui contient toutes

---

1 Impossible avec Saulnier de voir en Mercure un pieux "missionnaire divin", dont l'apparition sur terre serait "iconoclaste" (le vol de "l'ymage"), parce que "la divinité ne peut intervenir sans troubler peu ou prou l'ordre établi" (B32 p. 147).

2 Ce thème est annoncé par les anagrammes transparents de la lettre que, en préambule du livret, Thomas Du Clevier (= Thomas incrédule, au *v* près) adresse à Pierre Tryocan (= Pierre Croyant). L'Apôtre Pierre est la figure emblématique de la foi. Sur les termes "foi" et "croyance" au XVIe siècle, voir l'importante étude de J. Wirth (BHR, 1983).

les turpitudes de Jupiter, il est réduit à l'état d'objet sur lequel le regard humain a prise. De s'appuyer ainsi sur l'expérience, la "croyance" se mue en certitude ; mais on n'a pas rejoué la scène de Thomas l'Apôtre, dont la foi avait été revigorée pour avoir touché les plaies du Christ. La neuve certitude se retourne contre le dieu, au lieu de conforter sa divinité : à preuve, nos deux finauds, une fois qu'ils ont reconnu Mercure à son "maintien" qui correspond trait pour trait à celui qu'en donnent les poètes, porte-paroles du Livre, usent de cette assurance pour le berner deux fois :

> Il ne s'en fault gueres que je ne croye ce que tu me diz, veu que je voy la chose à l'oeil. Par dieu voyla ung homme acoustré de la sorte que les poetes nous descripvent Mercure. Je ne sçay que faire de croyre que ce le soit (p. 48).

Aussitôt vu, aussitôt fait : Mercure est pris à son propre piège, et voici "dérobé le patron des robeurs" (p. 53) : exploit remarquable qui assure la suprématie des hommes et leur revanche sur les dieux. L'épisode suivant confirme *a contrario* la victoire : Mercure, s'appuyant sur son expérience divine, soutient que le vin de Beaune l'emporte sur le nectar des dieux. Curtalius et Byrphanes, feignant maintenant la foi naïve, ont beau jeu de le berner à nouveau[1] : ils lui reprochent son "blasphème" et lui opposent, sous la menace de la prison, ce qu'en dit l'écriture, qui dans leurs mains vient de démontrer sa faiblesse. Avec des façons de bons apôtres, ils tournent en dérision la croyance que les humains prêtent aux fariboles des livres célestes et que Mercure avait de bonnes raisons de démentir.

Faut-il donc comprendre que nous sommes au seuil d'une ère nouvelle, celle où l'expérience, liée à l'exercice d'un sens privilégié, le regard, n'authentifie l'écriture que pour mieux se substituer à elle et la congédier ? La seule parole des livres ne suffirait plus à suppléer sur le

---

[1] Ces deux personnages représentent, comme on l'admet généralement, l'orthodoxie la plus farouche, mais on a le tort de les prendre au sérieux quand ils refusent de "croire" que le vin de Beaune est meilleur que le nectar : c'est ne pas percevoir le côté "farce" de l'épisode, dans lequel ils attrappent Mercure à son propre jeu, le forçant, au nom de leur foi qui vient d'en prendre un rude coup, à démentir et à reconnaître en même temps sa propre divinité : l'équivoque est à son comble.

mode de la foi religieuse le défaut de la vision[1]. L'expérience serait ce qui transforme l'opinion en savoir, la *doxa* en *épistèmè*, ce qui écarte les mots du vieux savoir pour donner à voir la verte Présence des choses[2]. Mais tout cela ne va pas si simplement. Le CM ne prêche aucun *Credo*, fût-il celui de l'avenir de la science : tout effet s'y accompagne d'un contre-effet qui le détruit en vertu d'une logique perverse. La foi, ici sous son dehors mythologique, est justifiée dans le même moment et par le même mouvement qui la mettent à bas : si Mercure est bien le dieu que décrivent les textes, ceux-ci ne sont pas menteurs, on devait donc les croire ; mais ces mêmes textes disent la supériorité de dieux-pantins dont les hommes se jouent maintenant : il ne fallait donc pas les croire. Malgré sa mésaventure, Mercure n'a pas perdu ses prérogatives divines : il garde encore le pouvoir de prolonger la vie de l'Hôtesse qui lui a été secourable ; la malheureuse devait donc le "croire", or elle s'y refuse :

> Je ne le puis croire : pour ce que je suis bien asseurée que cela ne pourroit jamais advenir.

A quoi Mercure, moins généreux que le Christ pour Thomas, rétorque :

> Hardiment, il ne s'en fera rien, puis que vous ne l'avez voulu croire (p. 52)

Sans doute, était-elle trop illettrée pour le reconnaître comme ont fait Byrphanes et Curtalius ; c'est elle qui aurait dû avoir la foi du charbonnier, en lieu de quoi, elle a joué les esprits forts, mais sans en avoir les moyens. Trop ferme dans son bon sens, elle est punie pour avoir manqué de cette foi à laquelle les autres feignent d'adhérer après l'avoir abattue.

---

1 La foi est ce qui comble l'espace entre la Vérité et ce que l'oeil spirituel ou sensible ne peut en percevoir : "Entre voir et croire, nous disons qu'il y a cette distance que l'on voit les choses présentes et que l'on croit les absentes [...] On croit donc ce qui est absent de nos sens, si le témoignage qui leur est donné paraît convenable" (Hugues de Saint-Victor, *De Sacramentis* II-17, cap. XVIII.

2 La métaphysique de la Présence, qui s'impose au XVIe siècle, va nourrir la littérature qui naît alors : c'est là une donnée importante sur laquelle j'ai insisté ailleurs.

Où en sommes-nous ? A quoi nous en remettre ? Auquel des termes contradictoires (l'écriture ? l'expérience ?) "croire" puisqu'ils anéantissent toute foi aussi bien qu'ils la fondent. Le Diable est là-dessous, il inspire l'habileté consommée de ces acteurs de mauvaise foi, qui font semblant de pousser à sa limite le jeu de la vérification par l'expérience : si ce Livre est conforme à son titre, s'il est le Livre des Destinées, n'a-t-il pas prévu la sienne ? Ne porte-t-il pas en lui les marques de sa propre vérité ? Curtalius va expérimenter cette preuve interne :

> Pour ce que je pense que tout ainsi que rien n'est contenu en ce livre qui ne se face : ainsi rien ne se faict qui n'y soit contenu. Nous regarderons ce pendant si cestuy nostre larcin y est point predict et pronostiqué. (p. 53).

Mais voilà que survient Ardelio, double du lecteur que nous sommes, et curieux comme nous de connaître le fin mot ; cette intrusion interrompt l'examen et nous restons sur notre frustration. Au troisième dialogue, Mercure, encore lui, accusera Jupiter, "ce vieux rassotté", de n'avoir pas su lire dans le livre le sort qui l'attendait :

> Je croy que sa lumiere l'a esblouy : car il failloit bien que cestuy accident fust predict, aussi bien que tous les aultres : ou que le livre fust faulx (p. 68).

Que Jupiter[1] n'ait pas été capable de satisfaire sa propre curiosité, n'implique pas que l'écriture divine soit mensongère. Au même dialogue, nous apprendrons que Curtalius et Byrphanes, se moquant de la vérité du Livre, s'en servent comme les dieux pour s'enrichir et exploiter la crédulité humaine dans la parole d'En-haut.

Dénoncer uniement les mensonges du Livre primitif, tourner en dérision le "livre d'immortalité, eût été tâche trop simpliste : en ces temps, on y eût vu une mise en garde contre les déviations humanistes, plus aisément qu'une atteinte aux mystères chrétiens. Il

[1] Le Livre est supérieur à Jupiter même, du seul fait qu'il a de tout temps préexisté à ce dernier : il contient (en son latin que je traduis) "la chronique des faits mémorables accomplis par Jupiter avant même qu'il existât"(p. 49) : si nos habituels repères de la temporalité sont en déroute, les dieux eux-mêmes n'ont pas la clef du mystère.

était autrement audacieux de confondre les bases même de toute croyance, en renvoyant l'une à l'autre comme au rouet, l'écriture à l'expérience : ce cercle pervers ébranlait en premier lieu la confiance que la tradition accordait au langage et à son fondement dans l'être même de la Vérité.

On peut comprendre ainsi que "l'auteur" du CM se soit jalousement gardé de se trahir[1]. De son vivant il sut préserver jusqu'au bout son anonymat et c'est déjà un signe, mais surtout il a refusé la pratique facile qui eût été de mettre en scène un porte-parole chargé de rétablir les justes perspectives[2] : ce livret en quête d'auteur nous lance avec ses personnages dans le flou d'une relativité généralisée, où les axes d'intelligence se renvoient mutuellement le soin d'étalonner leur vérité. Parce que le socle scripturaire a perdu son ancienne solidité au point de tomber en ruine, des dieux et des hommes sont exilés dans un espace intermédiaire et flottent sur le vide, où ils échangent leurs qualités sans trouver leur identité.

La parole du monde

Le deuxième dialogue remet provisoirement les choses en place : Mercure a recouvré sa stature divine. Il fallait ce rétablissement de la hiérarchie pour que fût révélée la faiblesse de ce sur quoi la parole proprement humaine se fonde, notamment dans les débats qui occupent les professionnels de la Vérité, les "philosophes" dérisoires : un jour qu'il était en veine de rouerie, Mercure l'"abuseur", le "caut varlet", a

---

1 On sait que le CM ne fut attribué publiquement à Des Périers que vingt deux ans après sa mort, par Henri Estienne dans son *Apologie pour Hérodote* (1566). Mais dès 1538 le bruit courait qu'il était son oeuvre, comme le prouve telle lettre d'André Zébédée (voir en Annexe notre Dossier). Cette question d'attribution est l'une des énigmes les plus irritantes du CM, car le personnage, lui-même énigmatique (humaniste, réformé, évangéliste, courtisan, joyeux luron, épicurien, rationaliste ou même athée ?) que fut le Des Périers réel, se laisse difficilement ramener aux dimensions de ce texte, quels que soient les efforts des différents interprètes pour concilier tant de diversité. C'est pourquoi je n'use de son nom que par commodité d'écriture. M. A. Screech (B7 bis) accompagne le nom de l'auteur d'un "?" significatif.

2 Les commentateurs n'ont pas manqué d'assigner à tel ou tel personnage du CM la "pensée" même de l'auteur : par exemple le Thomas Du Clevier (l'"incroyant") de la lettre dédicatoire pour beaucoup, ou le chien Hylactor pour A. Lefranc, ou l'autre chien Pamphagus, pour Saulnier et Nurse.

réduit en poudre la "pierre philosophale" qui servait d'étalon à la Vérité, et ce, dans "l'areine du theatre" où déjà s'affrontaient trois "resveurs", Rethulus, Cubercus et Drarig. Ils jouent maintenant devant Mercure et son compère Trigabus la ridicule pièce de leur acharnement à trouver une vérité réduite en poudre. Les deux premiers anagrammes désignent à coup sûr Luther et Bucer, le troisième ne doit pas être Erasme, contrairement à ce qui est le plus souvent admis[1] ; quelles que soient ces identifications, ce serait une erreur de limiter à ces trois figures la visée du dialogue : l'enjeu des débats auxquels nous assistons, par un effet déjà de théâtre dans le théâtre, dépasse infiniment la teneur des querelles théologiques du temps, et à écouter les propos tenus, on est bien en peine d'identifier les colorations spirituelles de chacun. Si la "philosophie" est en jeu quelque part, c'est une philosophie qui se moque de toutes les philosophies[2], et de leur prétention à la Vérité.

La satire reprend le point laissé en suspens à la fin du précédent dialogue : les discours portent-ils en eux-mêmes la marque distinctive de leur vérité ? Existe-t-il pour eux aussi une sorte de preuve ontologique, intratextuelle de sa présence ? A quoi reconnaître le discours vrai du faux, l'histoire véritable de la fiction ? La Vérité, fût-elle poussière, n'a-t-elle pas gardé quelque éclat incomparable qui la signalerait encore ? Or les faits sont là : tous les discours, quels qu'ils soient, se ressemblent. Mercure le sait bien, qui est "l'aucteur" de la comédie :

---

1 Les anagrammes de Luther et de Bucer sont incontestables, Drarig c'est Girard à l'envers, où l'on a depuis longtemps voulu reconnaître le nom paternel d'Erasme ; mais il y avait bien d'autres Girard, et M. A Screech (B7 bis p. 11-13) propose avec plus de vraisemblance d'identifier Drarig avec Girard Roussel, prédicateur très connu, proche de Marguerite de Navarre. La fiction de ce Dialogue vient peut-être d'Erasme (vid. *infra* p. 126) L'inspiration érasmienne du CM me paraît tout aussi indubitable qu'à P. H. Nurse (B29), mais je n'en tire pas comme lui la conclusion qu'il faut "dire adieu à la <<hardiesse>> du CM". Si Erasme attaque lui aussi le *vaniloquium* des matéologiens, il fait confiance au langage, et la satire ne pousse jamais comme chez Des Périers le langage aux limites de son essence pour montrer la faiblesse de ses fondements.

2 Au XVIe siècle, le terme "philosophe" désigne couramment les alchimistes. "Les alquemistes s'appellent philosophes par excellence", lit-on par exemple dans les *Nouvelles Récréations* (ed. Lacour t. I p. 71).

> Il pourroit bien estre que, pour des pieces d'icelle pierre philosophale, ilz auroient choisi par my le sable du sable mesmes, et si n'y auroit pas gueres à faire : car il est bien difficile de les congnoistre d'entre le sable, pource qu'il n'y a comme point de difference" (p. 56).

Lui-même n'y retrouverait pas son bien, s'il l'a jamais possédé. Car on s'en doute, tout cela n'était qu'une farce[1]. Mercure le reconnaît sans ambages devant les disputeurs qui refusent de le croire : et devenus spectateurs, nous devrons à notre tour en convenir : la Vérité n'a disposé dans le discours aucune marque dont l'évidence la distinguerait de l'erreur, pour la bonne raison qu'elle n'a pas préexisté à la parole, pour se fondre en elle et la fonder originellement :

> "O povres gens, vous fiez-vous en Mercure, le grand aucteur de tous abuz et tromperie ? Sçavez-vous pas bien qu'il n'a que le bec, et que par ses belles raisons il vous feroit bien entendre vessies que sont lanternes, et de nuees que sont poilles d'arain ? Ne doubtez-vous point qu'il ne vous ait baillé quelque aultre pierre des champs ou, peult-estre, de l'areine mesme, et puis qu'il vous ayt faict à croire que c'est la pierre philosophale, pour se mocquer de vous et prendre son passetemps" (p. 61-2).

Etait-ce même "pierre des champs" qu'avait "baillé" Mercure à ces "sots" plutôt que "belle pure parole" ou "grand babil et hault caquet" (p. 63), dont lui, l'inventeur de la rhétorique, sait bien la vanité ?

Est-ce dire que le Sage tient la parole en dérision, du moment que l'"arbitraire" est son statut originaire[2] ? Non, car si la Vérité échappe à sa prise, il exerce en revanche sur la réalité des pouvoirs bien réels, et d'autant plus redoutables que mensongers. A défaut de marques

---

1 A quel genre littéraire le CM appartient-il, sinon à celui de la farce, comme son sous-titre l'indique ("quatre dialogues poétiques, fort antiques, joyeux et facetieux") ? On ne s'est guère posé ce genre de question, qui n'est jamais sans importance, quand on veut saisir la visée d'une oeuvre du passé. La farce expose un monde sans pitié ; le moqueur y a toujours raison, et le naïf, tort ; le rire en est toute la morale. On notera dans le CM l'abondance des jeux de scène, faciles à suppléer : on rêve d'une tentative première, qui serait de représenter ces quatre dialogues où le théâtre est lui-même mis en scène, et dont la langue est si fortement marquée d'oralité.

2 Cette reconnaissance de l'"arbitraire des signes", qui contredit le système des "correspondances" et "similitudes", fut l'un des grands ébranlements du XVIe siècle. Voir mon étude, *Le royaume d'exil* (Paris, Ed. Obsidiane, 1991), et le beau travail de M. L. Demonet, *Les Voix du signe, Nature et origine du langage à la Renaissance*, Champion, 1992).

internes, l'"efficace", la "vertu" des mots ne sont-ils pas les preuves externes d'une vérité toute autre ? Le "performatif" limite dans le langage sa nature de *flatus vocis*, un performatif qui se reconnaît a ce qu'il "transforme", "transmute"[1] la réalité, à l'égal de la "vraye pierre philosophale" : la parole devient étrangement réelle, lorsque Mercure, en "maistre Gonin" qu'il est, prince des illusionistes, use d'une formule magique pour se changer en vieillard et ne pas être reconnu cette fois des humains. Mais seuls les dieux disposent de ce Verbe qui se fait, qui les fait Chair, et Trigabus, tout "compagnon" qu'il est de Mercure, n'obtiendra pas de lui le fin mot de cette transmutation. Que reste-t-il donc aux hommes sinon à singer les dieux, à user de la parole pour changer la réalité, mais cette fois sur le mode du cynisme assuré ou de l'imposture déclarée. C'est Rethulus qui expose sans vergogne le système d'une parole entièrement occupée à dominer le monde :

> Quant au regard de ce que j'en ay, je vous advertiz bien d'ung cas que j'en fay ce que je veulx ; car non seulement je transmue les metaux [...], mais aussi j'en fay transformation sur les hommes, quand par leurs opinions transmuées bien plus dures que nul metal, je leur fay prendre autre façon de vivre ; car à ceulx qui n'osoient nagueres regarder les Vestales, je fay maintenant trouver bon de coucher avec elles [...] ; et si fay bien mieulx, car je fay parler de moy par toute la Grece, tellement qu'il en y a telz qui soustiendront jusque à la mort, contre tous, que j'en aye de la vraye (p. 61).

Trigabus l'avait déjà dit : la fausse "vraye pierre" n'avait d'autre "vertu ne proprieté" que de transformer des hommes en cigales, en perroquets ou en ânes (p. 57). Mais pour Rhetulus le néo-sophiste, disciple lointain de Calliclès, les prestiges de l'éloquence frauduleuse visent

---

[1] Ce thème, qui reviendra plus loin, traverse avec insistance le second dialogue, comme l'indique ce relevé des occurrences des principaux termes qui l'expriment : vertu (7), transmuer (5), changer (3), propriété (3) transformer (2), efficace (1), expériences (1), acte (1), profit (1). Cette hantise d'un langage qui serait acte était celle d'Erasme, dont "la philosophie du Christ" s'alimentait de l'espoir que le langage des Ecritures, pourvu qu'il fût restitué dans sa pureté, "transformerait" la vie des chrétiens sur le modèle du Christ (Voir mes *Préfaces d'Erasme* Genève, Labor et Fides, 1990). Ce thème est repris ici sur le mode parodique de la parole "philosophale" qui "transmue" les métaux de la vie. La caricature dénonce moins la chimère de l'espoir érasmien, que les dangers de son utilisation à des fins cyniquement humaines, comme on le voit aussitôt, chez les escrocs de la morale.

d'abord le prestige de l'orateur lui-même. Elle ne transforme pas la réalité, mais seulement l'"opinion" ; elle enrobe d'apparence les perceptions, pour la plus grande gloire et le profit du prestidigitateur.

Lequel a toujours partie liée avec les gens de pouvoir : ils utilisent ses artifices pour façonner à leur guise la réalité, dont la consistance s'effrite derrière l'écume des mots offerte à la manipulation des politiques. Le mot de Vénus à Cupidon vaudra aussi pour eux : "La parole fait tout le jeu", dont la domination sociale fait ici l'enjeu. La parole est d'essence conservatrice, chaque fois qu'elle permet à l'ordre établi de maintenir les mensonges et les inégalités qui le font être. C'est le cas notable de la parole prophétique, celle des "prognostications"[1], dont le livre de Jupiter était le modèle achevé : elle impose à la réalité un mode préexistant, qui lui interdit d'être "expérience", c'est-à-dire liberté, invention. On comprend que Rethulus mette tant d'acharnement à faire croire qu'il est seul à détenir la "pierre" qui rend maître de l'avenir : il expose son système avec un cynisme tranquille : non, la "pierre" ne rend pas riches les pauvres, car il faut pouvoir "exercer la belle vertu de liberalité" ; non, elle ne sert pas à trouver la vérité entre les parties ni à guérir les malades, car que diraient les gens de lois, que ferait-on des codes, à quoi serviraient les médecins et leurs beaux livres si coûteux, que deviendrait la mort elle-même ? (p. 62). Rethulus a la morgue des gens en place ; plus qu'aux théologiens, il appartient aux cercles du pouvoir, à qui son discours fournit l'idéologie qui les justifie. Sur ses deux naïfs compères en dispute, il a la supériorité d'une lucidité déjà machiavélienne, car il sait que la "vertu" de la pierre, son "efficace", et sa vérité même tiennent à

---

1 Saulnier a le premier attiré l'attention sur la *Pronostication des Pronostications* (1536), ce poème où Des Périers "descoeuvre l'impudence des pronostiqueurs" (T. Peach vient de le rééditer in BHR, LII, 1990). Comme dans le CM, on y trouve la dénonciation de la curiosité', qui fait courir dieux et humains derrière toutes les pronostications, parce qu'ils sont également affamés de choses nouvelles :

"Chasses-tu pas après abusion, / Cuydant trouver prognostication / Où il y ait des nouveautez nouvelles ? / O affamé belistre de nouvelles / Povre alteré, coquin de vanité". La pronostication donne le réel comme déjà réalisé, et toute "nouveauté" comme déjà fanée dans les mots : elle est l'illusoire maîtrise des choses par les mots. On sait que Rabelais lui aussi se moquait des pronostiqueurs, comme Montaigne plus tard.

sa fausseté ; aussi quitte-t-il ce petit monde qu'il méprise, dès que passe le valet du Sénateur Venulus, qui l'a convié à "souper" avec les puissants de ce monde (p. 64).

Il y a donc bien une vérité, et redoutable, dans le mensonge de la parole : voile de la réalité visible, elle exprime l'inégal partage entre la passion du fantasme chez les naïfs, et l'appétit de puissance chez les malins ; cette vérité-là, inscrite dans la chair temporelle du "monde comme il va"[1], permet à certains de dominer leurs semblables, sous couvert d'en servir une autre qui se donne pour éternelle.

La parole du desir

Le troisième dialogue donne libre cours à une autre parole qui, sans être forcément plus véridique que l'autre, vise non le profit temporel, mais la réalité conflictuelle des sentiments. Mercure refait surface, avec un nouveau catalogue de commissions encore plus chargé que le premier. Mais le menu est différent. Après avoir épilogué sur le vol du livre primitif, et renvoyé sur Jupiter la faute dont il fut la victime, il met en pièces une première liste de commandes que Junon, la femme de "ce vieulx rassotté", lui avait confiée ("Elle yra chercher un autre vallet que moy, par le corbieu" p. 69). Décidément, la famille royale ne fait pas plus la loi dans l'Empyrée qu'ici-bas ! En fait, il y a scission là-haut : deux déesses tiennent fermement la part vivante de l'empire : Vénus, dont les ordres ("Vous serez obeye, vrayement !" p. 69) sont ceux du désir qui fait parler les amants par Cupido interposé, le dieu poète, et Minerve, dont la sagesse prévaut sur tous ("Certes je ne luy vouldroye faillir, pour perdre mon immortalité" p. 70). Si l'ordre mâle, jupitérien, s'est effondré, facile proie pour les humains qui l'ont investi, subverti, l'ordre féminin de ces deux déesses demeure intact : c'est qu'il s'impose au coeur des hommes qui sont amoureux, non du pouvoir, mais de l'amour et de la beauté : les poètes, en quelque sorte.

Du côté de Minerve, la parole tombe de haut : elle tranche et décide contre le mensonge : on croit entendre Marguerite régler les rapports

[1] Pour reprendre l'expression de V. L. Saulnier (B32 p. 137).

qui lient les poètes aux poètes d'une part, aux hommes de pouvoir de l'autre. La querelle entre Marot et Sagon, qui agitait en ces années 1536-1537 le monde poétique, menaçait de l'effondrer : ordre est donné sèchement d'y mettre fin (p. 70). Les puissants courtisent les poètes,

> faisans semblant les servir et aymer ; mais ce n'est que pour quelque temps, afin qu'ilz acquerent bruyt et nom des poetes,

et richesse aussi : avis à la "compagnie des neuf Muses" de mépriser des desseins si vulgaires, si mondains ; avis à Vénus elle-même :

> Que s'ilz veullent escrire d'amour, que ce soit le plus honnestement, chastement et divinement qu'il leur sera possible, et à l'exemple d'elle (*ibid.*).

La poésie est chose "divine" ; elle ne doit pas dépasser les limites du "possible", même si elle doit consentir à des concessions pour vivre en ce bas monde : question de sa dignité, de la Vérité surtout dont elle porte témoignage :

> Qu'ilz ne s'amusent point tant à la vaine parolle de mensonge, qu'ilz ne prennent garde à l'utile silence de verité (*ibid.*).

La formule surprend tout à coup : dans le parallélisme de ses termes, elle dit que les deux génitifs, "mensonge", "vérité", définissent l'essence déterminative de la "parole" d'une part, et du "silence" de l'autre. Sommes-nous au bord d'une révélation quasi mallarméenne ? Le bruissement illusoire, inévitable, de la langue poétique a-t-il la fonction de précéder, au seuil de la Vérité, sa parousie muette ? Minerve n'appelle pas les poètes à une prudente retraite loin des allées du pouvoir ou du monde[1] : elle les oblige au contraire à leur devoir dangereux, qui est de servir ici-bas, avec les moyens d'ici-bas, les choses d'ailleurs (Amour y compris), là où la Vérité tapageuse des hommes attend le moment de faire éclater sa Présence taciturne.

Vénus à l'inverse est la déesse du mensonge, mais d'un mensonge non moins plaisant qu'utile, pour ne pas dire vrai, à sa façon qui est de

---

1 On sait que Saulnier a baptisé du nom d'"hésuchisme" "l'évangélisme taciturne" qui vers les années 1538-1540 aurait succédé au précédent (B32 p. 163), et dont Des Périers serait avec Rabelais le premier porte-parole. Je reviens plus loin sur cette question.

révéler aux "belles dames sans mercy", aux fières prudes comme aux imprudentes, la puissance de l'Amour qui est la Vérité de tous : elle commande à Mercure qu'il

> s'en voise [aille] tromper et abuser ces Vestales (lesquelles cuydent estre si sages et prudentes) pour leur remonstrer ung petit leur malheureuse follie et temerité (p. 69)

A menteuses, et pour leur bien, menteur et demi : le dieu Somnus prêtera le concours de ses fantasmes pour leur faire "trouver bon" ce qu'elles blâment éveillées. Vénus résume l'art de la séduction, où les coquetteries de la parure et de la parole tout ensemble n'ont qu'un but : déclarer la passion à coups de faux mensonges :

> Qu'elles ayent "Ouyz" aux yeuls, et force "Nennyz" en la bouche ; et que sur tout elles se facent bien prier, à tout le moins que par leurs dictz elles ne viennent point si tost à declairer leur volunté, ains qu'elles la dissimulent le plus qu'elles pourront, pource que c'est tout le bon, la parolle faict le jeu (p. 70).

Tout amant véritable connaît le code de la langue d'amour, où le mentir est façon de dire vrai : "La parolle faict tout le jeu". Misérable qui ne sait jouer ce jeu où coeurs et corps se donnent dans d'adorables prolongements ! Car Amour n'attend pas, ses revanches sont cruelles contre les belles rebelles, séduites par les vrais mensonges des amours platoniques. A preuve, la pitoyable Celia, qui, avant même d'avoir "marché trois pas" devant Cupido, est frappée de désespoir pour avoir "méconnu" la passion de qui l'aimait et qu'elle aimait :

> Or cognois-je à ceste heure (mais las ! c'est bien trop tard) que la puissance d'amour est merveilleusement grande et que l'on ne peult eviter la vengence d'iceluy (p. 72).

Exit la plaintive Celia et ses regrets tardifs ![1] Elle n'émeut pas Cupido, ("Or, elle est bien, la bonne dame : elle en a ce qu'il luy fault"

---

1 Saulnier, suivi par P. H. Nurse, a fait des plaintes de Celia "l'épisode central" du CM, y voyant le chant mystique de l'âme qui, tel celui de la "Ravie d'amour" mise en scène par Marguerite de Navarre dans sa *Comédie de Mont de Marsan*, ne sait que chanter sa peine avant de s'enfoncer dans le silence et la contemplation de son Dieu absent. Il y voyait le sens profond et secret du CM tout entier. Les articles de I. R. Morrison (B27) et de P. Sommers (B33) ont justement

p. 73) : il n'a usé d'elle que pour dénoncer l'hypocrisie de qui méprise le règne de Vénus, dont les mensonges rendent plus charmante, plus aimable la vérité du désir. A Celia, la parole vient trop tard : le temps perdu ne se rachète pas, il est irréméable ; la douleur pitoyable est le prix à payer pour avoir manqué cette vérité, dont elle exprime l'envers, la vérité du manque, de la frustration dont la folle amante s'est rendue coupable. Une vérité sans merci, celle encore de la farce.

La parole refoulée

Le troisième dialogue aurait pu se terminer sur ce moment d'émotion évitée, car Mercure, lui non plus, ne cultive pas le pathétique : tel n'est pas le genre de nouveauté qu'il lui faut "porter là-haut" et il décide soudain, usant à nouveau des mots efficaces de la magie ("Gargagabanado, Phorbantas Sarmotoragos" p. 73), de donner la parole au cheval Phlegon qui passe là, monté par son "palefrenier" Statius. Le monde carnavalesque fait retour, mais renversé par le bas cette fois, à l'inverse du premier dialogue : nous ne le quitterons plus jusqu'à la fin.

Avec Phlegon, c'est la parole refoulée qui fait surface, et du coup, une vérité d'un tout autre ordre, celle des opprimés, réduits depuis toujours au silence. Des Périers avait déjà exprimé sa sympathie pour les faibles, les victimes, contre les "rongeurs de povres gens" (p. 71), exploiteurs de tout poil dont Curtalius, Byrphanes et Rhetulus étaient les figures. Cette fois il donne la parole aux prolétaires, esquissant la future lutte des classes. Phlegon trouve spontanément le langage de la révolte pour dire le malheur du désir que refoule le défaut des mots pour le dire ; il dénonce violemment la violence que les maîtres exercent sur les esclaves du seul fait qu'ils ont reçu le don de la

critiqué cette interprétation. Un parallèle s'impose en effet avec Marguerite, mais c'est avec son *Heptaméron*, où le mensonge des femmes prudes est si souvent dénoncé, alors que les discours artificieux des amants et des amantes ne trompent que les "sottes" (voir notre étude, "La Présence et ses doubles dans l'Heptaméron", BHR 1990). Nous sommes dans un monde où la pitié n'entre guère dans la gamme des sentiments louables, et *l'Heptaméron* (nouvelles 12 et 56) ne réserve pas à "la belle dame sans mercy" du poète Alain Chartier et à ses imitatrices plus de sympathie que Cupido ou Mercure ne le font dans notre texte.

parole : et du coup, théoricien de l'essentiel, aussi subtil que Rousseau jamais ne le sera, il fait de l'accaparement du langage l'origine de l'inégalité :

> Par cela que nous ne pouvons rien dire, vous sçavez bien usurper toute la puissance sur nous, et non seulement dictes de nous tout ce qu'il vous plait, mais aussi vous montez sur nous, vous nous picquez, vous nous battez [...] ; et vous nous vendez, vous nous tuez, vous nous mangez. Dont vient cela ? C'est par faulte que nous ne parlons pas. (p. 74)

Pour les oreilles de Statius, le fait que son cheval parle est "chose si estrange", qu'il ne saisit même pas la teneur du propos, et devant la foule qui s'amasse, au premier rang de laquelle réapparaît Ardelio, le curieux du premier dialogue, il laisse son cheval exposer la somme de ses revendications : cruauté, ladrerie, injustice du maître, jusqu'à l'accusation qui fonde les autres et qui explique toutes les tyrannies, à savoir le refus de reconnaître et d'admettre la différence :

> Vous hommes voulez ung droict pour vous et ung aultre pour vos voisins ; vous estes bien contens d'avoir tous vos plaisirs naturelz, mais vous ne les voulez pas laisser prendre aux autres, et mesmement à nous povres bestes. (p. 75)

La bonne conscience du maître, sa certitude d'avoir pour lui le droit et l'équité, lui rendent la violence de ce réquisitoire inaudible : il le nie en bloc, et prend au plus vite le large avec son cheval, la bouche pleine de menaces pour s'éviter d'entendre ses quatre vérités. Qui n'en font qu'une ! A savoir que la Vérité est toujours scandaleuse, accusatrice, surtout quand elle sort du puits animal, du ventre de la bête où, comme on le verra bientôt, personne n'aime se reconnaître. Seul Ardelio, toujours à l'affût, comme ses faux amis Curtalius et Byrphanes, de quelque profit, ne songe qu'à monnayer au plus vite cette vraie "nouveauté" : il rachèterait volontiers ce merveilleux cheval pour le montrer ou le vendre, avant que l'effet du miracle ne "s'esvente" comme la fameuse pierre. Peu importe la teneur du discours, pourvu qu'il surprenne : la Vérité n'enrichit jamais qui la possède, tant les hommes se moquent de l'essence, pourvu qu'ils soient divertis par les mots de l'apparence, seule chose qu'ils sont prêts à payer le prix fort.

La parole du ventre

Au quatrième dialogue, Mercure a disparu, qui faisait le lien ténu entre les divers actes du livret : il nous avait laissés avec un cheval doué de la parole revendicative ; deux chiens prennent le relais, l'un apparemment sot et bavard, Hylactor, l'autre, Pamphagus qui se donne les dehors de la sagesse silencieuse. Tous deux appartenaient à la meute d'Actéon, dont la légende, rapportée par Ovide dans ses *Métamorphoses*, raconte qu'il avait été dévoré par ses chiens, une fois que Diane l'eut métamorphosé en cerf pour se venger d'avoir été par lui surprise nue alors qu'elle se baignait. Hylactor, "l'aboyeur" (*acutae vocis*, disait de lui Ovide), Pamphagus, "le bouffe-tout", ont hérité de la parole parce qu'ils ont avalé un morceau de la langue d'Actéon leur maître. C'est ce que le second apprendra au premier, lui révélant ainsi la "cause" (p. 81) de leur singularité : nous voici descendus aux sources de la parole, où nous allons comprendre que sa vérité se confond avec une insupportable contradiction.

Hylactor est d'abord seul en scène. Il monologue longuement comme Mercure précédemment. Il se dit accablé de sa parole, que rend inutile le fait de ne pouvoir la partager avec aucun de ses congénères :

> Toutesfois, que c'est une grande peine de se taire, mesmement à ceulx qui ont beaucoup de choses à dire, comme moy. Mais voicy que je fay quant je me treuve seulet et que je voy que personne ne me peut ouyr : je me prens à dire à part moy tout ce que j'ay sur le cueur et vuyde ainsi mon flux de ventre - je vous dy de langue - sans que le monde en soit abreuvé (p. 78-9).[1]

Le lapsus vient à point pour signifier l'étrange cheminement de la parole : arrachée à la bouche d'un maître adoré, elle fait retour par le bas sous forme d'un besoin irrépressible qu'Hylactor nomme "flux de ventre"[2] et plus loin, "miserable desir"(p. 79). Quel désir ? celui de

---

[1] Sur Hylactor, L. Febvre a ces mots très justes : "Il exprime en termes poignants, la souffrance d'être seul, tout seul de son avis, et condamné au silence perpétuel [...] Plainte tragique. Je n'en sais point de pareille, point qui soit sortie au XVIe siècle de la bouche d'un homme avec tant de simplicité et d'éloquence sobre" (B12 p. 99-100).

[2] *Cf.* Y. Delègue, "La littérature-ventriloque", dans *Poétique* 1987, n°72, où j'ai émis l'hypothèse que la "littérature" qui naît à partir du XVIe siècle n'est qu'une ventriloquie désespérée d'atteindre et de revéler la présence du sujet.

trouver un semblable avec qui échanger, non des "nouvelles" ou des "nouveautés", mais la chaleur mutuelle de deux présences. Originairement la parole n'a rien à dire, elle n'a de sens qu'à signifier l'appel de l'autre et le poids insupportable de la solitude ; on ne cherche son semblable que pour se trouver soi-même, pour se reconnaître dans la forme externée de soi qu'est l'autre : faute de quoi le sujet se volatilise dans le *vaniloquium* de la parole solitaire. La soliloquie d'Hylactor est une parole pervertie : elle compose un délire où passent ses peurs et ses désirs, ses fantasmes, son vide ; il se fait son propre interlocuteur, ou bien il joue aux humains des bons tours dont il est seul à cueillir la gloire. Il ne cesse de parler pour parler, pour s'étourdir, pour appeler l'écho d'une réponse humaine. Dans le silence glacé qui l'entoure, sa ventriloquie signifie que la parole, héritage des puissances supérieures, a pour fonction première d'établir les liens de la communauté, sans laquelle aucun sujet humain ne peut exister. Le bavardage le plus insipide révèle la soif d'amour ; l'homme ne parle que pour s'assurer qu'il est bien deux, ne serait-ce qu'avec lui-même[1].

Mais la parole ne peut s'en tenir à tant d'aimante virginité. Dès l'instant où elle est en situation d'atteindre sa finalité, elle ne peut que trahir cela même qui la suscite : dans la solitude comme dans l'échange, la perversion est sa fatalité. Son contenu explicite (il faut bien dire quelque chose !) la force à méconnaître sa pure volition implicite ; dès le moment qu'elle s'expose à l'intelligence de ce qui relève du sens, elle oublie l'acte même de son énonciation, parce qu'elle s'offre à la "curiosité" d'autrui et au désir de gloire. Dejà, dans son désir d'être reconnu par l'autre, Hylactor festoyait l'imaginaire de sa future revanche : il caressait, comme tout à l'heure Ardelio, sa gloriole à venir, "tant sont les humains curieux de nouveauté". Les choses se précipitent, dès l'instant qu'il rencontre enfin Pamphagus, son *alter*

---

[1] C'est la leçon que dégagent aussi tant de textes rabelaisiens : celui des "propos des bien yvres", par exemple dans le *Gargantua*, ou l'on entend d'heureux convives échanger les lambeaux d'une conversation à bâtons rompus, pour le seul plaisir de se sentir bien ensemble. Le *Tiers Livre* mènerait-il si longuement la revue des langages vides, si ce n'était pour rassurer la petite troupe des pantagruélistes sur sa propre cohésion ?

ego, comme lui rescapé du massacre d'Actéon : après la joie des retrouvailles, des souvenirs échangés, des regrets partagés, la communion s'interrompt. Pamphagus, qui a longtemps bourlingué au milieu des hommes, sait que les fins spéculatives ou utilitaires pervertissent le don de parole. Il a appris à lire, il est devenu assez savant pour, on l'a vu, connaître les "causes" et susciter l'envie de son compagnon :

> Tu es bien heureux de te congnoistre ainsi aux livres, où l'on voit tant de bonnes choses. Que c'est un beau passetemps ! (p. 82)

Mais à quoi bon la science, lui rétorque l'autre, quand les hommes s'en moquent, du moment qu'ils commandent et qu'il faut leur obéir ?

> Il est vray ; mais toutesfoys si faict-il bon sçavoir quelque chose davantage, car on ne sçait où l'on se trouve" (p. 82)

On n'ira pas plus loin : la science ne remplit pas sa fonction de repérage, qui permettrait au sujet de rompre sa solitude : elle est devenue l'instrument du pouvoir, et l'on n'imagine pas encore que les philosophes puissent un jour devenir rois, ou philosophes les rois.

Phamphagus en a pris son parti, celui du silence : "J'ayme mieux me taire" (p. 82). Il méprise l'appétit de gloire, dont Hylactor s'enfle maintenant, nouvel émule d'Ardelio et de ses pareils, et l'on reste sur ce triste constat : aussitôt que la parole s'exhale du ventre, elle devient dans la bouche vain appétit de renommée, occasion de profit, science sans conscience, à moins qu'elle ne s'oblige à se taire par résignation ou découragement :

> Je n'ayme point la gloire de causer [...] Je te jure par les trois testes de Cerberus que j'ayme mieux estre tousjours ce que je suys, que plus avant ressembler les hommes en leur miserable façon de vivre, quand ne seroit jà que pour le trop parler, dont il me fauldroit user avec eulx" (p. 82-3).

Le *vaniloquium* définit la condition humaine à laquelle Pamphagus refuse de ressembler ; il choisit donc la seule sagesse possible pour qui refuse les colifichets de la parole, une sagesse proche de l'abandon.

La parole est irréppressible, mais il est nécessaire de la réprimer, puisqu'elle appelle la vie pour la nier aussitôt. Telle est la contradiction incarnée par les figures antithétiques de ces deux chiens voués à se désaccorder du seul fait qu'ils s'entendent. Le CM porte bien son titre[1] : la cymbale de paroles qui fait sonner le monde est doublement vaine ; si leur vide signifie ce manque d'autrui qu'elles appellent pour le combler, il est, comme en son revers, cette gloriole vaniteuse, ce goût du nouveau qui emplit chacun, aussitôt qu'il en dispose, pour disposer des autres au lieu d'en jouir paisiblement.

La voix de derrière

Nous en resterions sur cette note quasi désespérée, si un nouveau renversement ne changeait brusquement la perspective. Sa Majesté Carnaval aime déconcerter par ses innombrables facéties : après nous avoir menés des dieux aux hommes, puis des hommes aux animaux, il fait entendre le message que les "Antipodes inférieurs" ont adressé à leurs "amys" des "Antipodes supérieurs", c'est-à-dire à tous ceux-là qui viennent de jouer devant nous leur triste comédie. Cette voix, symétriquement inverse de celle des dieux de tout à l'heure, vient des "entrailles de la terre", autrement dit d'un ventre encore plus profond, dont les humains -redoutant quelle révélation ? - ont "estouppé le trou". La missive est brève, il faut la lire avec soin :

> Messieurs les Antipodes, par le désir que nous avons de humainement converser avec vous, à celle fin d'apprendre de voz bonnes facons de vivre et vous communiquer des nostres, suyvans le conseil des astres, avions faict passer par le centre de la terre aulcuns de noz gens, pour aller par devers vous : mais vous, ayant aperceu cela, leur avez estouppé le trou de vostre costé, de sorte qu'il fault qu'ilz demeurent aux entrailles de la terre. Or nous vous prions que vostre bon plaisir soit leur donner passage : autrement, nous vous en ferons sortir par-delà de tant de costez, et en si grande abundance, que vous ne sçaurez

[1] Ce titre a donné lieu, comme de juste, à des interprétations divergentes. Je renvoie à la juste mise au point de M. A. Screech (B34) : la "cymbale du monde", c'est, repris aux sources mêlées de saint Paul et d'Erasme, la parole qui remplit l'univers de son vide. A son tour Montaigne dira plus tard que "le monde n'est que babil".

> auquel courir. Tellement que ce que l'on vous prie faire de grace et amour, serez contrains souffrir par force, à vostre grande honte et confusion. Et Adieu soyez. Voz bons amys les Antipodes inferieurs (p. 84-5).

On ne peut être plus clair et plus ambigu à la fois : ces gens d'En-dessous, qui ne sont pas les morts, n'ont pas de "nouvelletés" à proposer, pas plus qu'ils ne veulent en glaner chez les humains : en quoi ils sont bien leur contraire. Le plus honnête des "désirs" les meut, celui de "converser" avec d'autres qui ne sont pas leurs semblables. Ils ne cherchent ni profit ni gloire, ils ne veulent même pas comme Hylactor meubler une solitude égoïste, mais "apprendre" et "communiquer", échanger les "facons de vivre". Cet appétit de savoir désintéressé brise leur horizon dans le dessein de servir la fraternité universelle et de réconcilier les contraires. Ils font entendre la voix d'une "curiosité" enfin recommandable, et l'on se rappelle la réponse de Pantagruel au "vieil Macrobe" lui demandant la raison du voyage qui l'avait poussé lui et ses compagnons jusque dans son île :

> le hault Servateur avoit eu esguard à la simplicité et syncere affection de ses gens, lesquelz ne voyageoient pour gain ni traficque de marchandise. Une et seule cause les avoit en mer mis, sçavoir est studieux desir de veoir, apprendre, congnoistre, visiter l'oracle de Bacbuc et avoir le mot de la Bouteille. (*Quart Livre* chap. 25)

Mais tant d'honnêteté est insupportable à l'hémisphère qui se croit "supérieur" : il a bouché l'orifice par lequel cette autre voix du ventre parviendrait à ses oreilles. Ce vent solidifié en écriture est le symptôme d'une occlusion : il y a danger d'explosion, de pétomanie pétaradante, si le refoulement interdit à la voix du vide de sortir du puits de sa profondeur[1] ; la menace est à peine voilée ; elle surprend

---

1 Ici encore on songe à tel passage de Rabelais, dans le *Tiers Livre* cette fois, où il nous est dit que "quelques pantagruélistes modernes" (entendons les scolastiques, tant de fois dénoncés par Erasme comme étant les "théologiens modernes" qui ont trahi l'enseignement des Pères) "usent de certains instrumens catharactes" pour interdire, comme Héra jadis, l'enfantement d'Hercule, le dieu sauveur (chap. 50). On pense encore à cet autre passage du même Livre (chap. 5), où Panurge, "estant quitte" des dettes qui le faisaient vivre, ne sait désormais "quelle contenence" avoir, et se représente déjà mourant "tout confict en pets" : la flatulence est la réalité insoutenable qu'il décide de conjurer par le mariage et son fantasme, le cocuage :

après un début de lettre si aimant : c'est que la Vérité met des limites à sa patience, elle finit toujours par se manifester, refusant de transiger avec ceux qui la méconnaissent ; sa nature explosive s'est réfugiée chez les Antipodes inférieurs, attendant le moment de faire un retour claironnant, triomphant, par les voies les plus inhabituelles qui soient, si l'on ne sait pas à temps la recevoir[1]. Est- ce là un message d'espoir ? Ou plutôt l'annonce de temps difficiles, parce que la Vérité pour l'emporter devra recourir aux pétarades meurtrières des armes ? Les deux ensemble peut-être, tant il est vrai que la Vérité s'ouvre les voies à n'importe quel prix. Et l'on peut craindre le pire, quand on voit qu'Hylactor est repris par son bavardage et son goût des “belles fables”, tandis que Pamphagus une dernière fois refait l'éloge du silence inefficace.

II. LE VERDICT IMPOSSIBLE

Le bilan de la parole

Le CM nous a fait parcourir, du plus haut au plus bas de l'Univers, par une série de renversements déroutants, les multiples sentiers de la parole, comme qui dirait ceux d'une planisphère dont on explorerait les passages, les dangers, les beautés aussi, et l'on est tenté, parce que des routes s'y rassemblent et s'y croisent, d'en dresser la carte pour les utilisateurs à venir, de les classer comme des itinéraires à recommander ou à éviter.

Depuis longtemps, à la suite des Anciens, un tel classement avait été proposé ; on avait repéré, du meilleur au pire, quatre emplois de la

---

Panurge doit se masquer à tout prix la vérité qui l'habite, à savoir ce vide qui gonflait ses dettes et dont sa pétomanie accuse la Présence inaugurale. S'il faut des inspirateurs à Des Périers ou des compagnons de rire et de réflexion mêlés, c'est du côté d'Erasme et de Rabelais qu'il faut à coup sûr chercher.

1 Le sens de ce dernier épisode n'a guère retenu l'attention. Saulnier voyait dans les Antipodes des “intrus” qui viennent “se mêler de nos affaires” et troubler l'idéal du silence (B32 p. 161) : hypothèse insoutenable. Je me range bien plutôt à l'interprétation de T. Peach pour qui les propos des Antipodes sont “un programme d'échanges qui est le contraire de celui qui est suivi par les hommes du *Cymbalum*” (B30).

parole, qui préludaient à son usage proprement rhétorique : ainsi Pierre Fabri, qui reprenait Brunetto Latini et son *Livres dou Tresor* :

> Il est à presupposer quattre manieres de gens : les ungz ont grant sens et bon parler, et ceulx la c'est la fleur et en est pou ; les aultres n'ont sens ne parler, et est dommage et en est trop ; les autres n'ont point de sens et parlent bien, et c'est danger trop grant ; les autres ont bon sens et ne sçaivent parler et leur fault aide, et c'est par art. Parquoi toute parolle est frivolle, s'elle n'est decorée par les regles des orateurs et enrichie de substance de diverses doctrines[1].

Pour Fabri et ses modèles, ce schéma à deux entrées[2] justifiait la nécessité et le bien-fondé de leur art ainsi oralisé : depuis Platon, la rhétorique devait s'entourer de cette sauvegarde pour ne pas tomber dans la sophistique. Avec le CM les critères d'honnêteté s'estompent dangereusement, et la grille de Fabri utilise trop peu de paramètres pour rendre compte de la diversité de la parole telle que le CM en fait l'inventaire : si l'on veut s'en faire une image précise, il faut un tableau à trois entrées, qui augmente le nombre des cas de figure. En voici une esquisse dans laquelle on voudrait proposer une sorte d'épure du CM (voir tableau p. 34).

Pareil tableau n'échappe pas aux griefs qu'il faut adresser à ce genre de figuration : schématisme, omissions, mais il montre la diversité d'une parole fuyante, changeante, versatile, dont les usages sont multiples : jamais encore, semble-t-il, on n'avait à ce point cherché à capter les différences, les nuances de ses emplois. Mais la nouveauté tient peut-être essentiellement au fait que la parole est maintenant sommée de paraître au tribunal de la vraie moralité : non pas celle des seules bonnes intentions, du "sens", de la "sagesse" ou de la

---

1 P. Fabri, *Le grant et vray art de Pleine rhétorique*, 1521, ed. par A. Héron, Rouen, Lestringant, 1890, t. I p. 7.

2 qu'on peut représenter ainsi :

	"sens"	"bon parler"
"prou", . "la fleur"	+	+
"trop", . "dommage"	-	-
"danger trop grand"	-	+
"aide" de l'"art"	+	-

		BONNE (?)	MAUVAISE (?)
FAUSSE	EFFICACE	- Elle fait vivre les sociétés (hommes de lois, médecins etc.) p. 62 - Elle accorde les amants et donne les joies de l'amour (Cupidon)	- Elle enrichit les fourbes, tels Curtalius, Byrphanes, Ardelio. - Elle transforme les humains en "cigales" (p. 57), modifie les "opinions" (p. 61)
	VAINE	- Donne du spectacle et du passe-temps (Mercure, Trigabus au théâtre des philosophes) - Elle soulage dans la solitude	- Les "resveurs philosophes du Dial. II et leurs disputes - Hylactor et son bavardage vide - Le vain désir de gloire (Rhetulus, Hylactor) - Les "pronostications" et leur utilisation
	VAINE	- Les plaintes des malheureux (Célia, Phlégon) Elle soulage le coeur	- La croyance naïve dans les textes ou les paroles (l'hôtesse du Dial.I)
VRAIE	EFFICACE	- Le texte, chaque fois qu'il est vérifié par l'expérience (Dial.I) - La formule magique, qui permet à Mercure d'échapper aux regards des humains : privilège divin - Permet l'amitié et la convivialité (Hylactor, les Antipodes): elle est appel de l'autre - Elle doit permettre de connaître autrui (les Antipodes)	- Le texte vérifié et détourné de sa finalité (Curtalius et Byrphanes) - La vérité n'est pas bonne à dire (le cheval Phlégon): la révolte est inutile (Pamphagus et le silence)

"prudence" encore[1], comme disait Fabri, mais celle de l'expérience, devant quoi comptent l'"efficace", la "vertu", les "propriétés", c'est-à-dire tout cela qui, débarrassé de la "croyance" naïve, organise concrètement, réellement les moeurs et les sociétés humaines. Un réalisme indécis s'est substitué aux instances de la morale pour décider de sa valeur.

Mais à ce point, le jugement hésite, vacille même, car si l'efficacité est bien la donnée qui en dernière analyse infuse à la parole un poids de réalité, faut-il en conclure, avec les Protagoras ou les Calliclès des temps passés et modernes (on croit souvent entendre dans le CM la leçon de Machiavel croisée avec celle de Platon), qu'il n'est de bonté et de vérité que de ce qui agit sur les choses et les "transforme", au nom déjà de quelque *Realpolitik* ? Les critères qui séparent le bien du mauvais sont d'autant moins évidents que ces quatres dialogues, on l'a dit, ne font jamais entendre un personnage qui serait le porte-parole de l'auteur-juge[2] ; au lecteur d'occuper cette place, et il n'y a jamais manqué comme le prouve la violence de ses jugements et interprétations contraires. La parole idéale allierait à coup sûr vérité, efficacité et bonté : or cette dernière case est celle de la fiction, occupée par cette sorte d'utopiens que sont les Antipodes ; ou bien celle de l'impossible (les bons sentiments d'Hylactor sont trahis dès qu'exprimés ; le texte vérifié par l'expérience du regard est aussitôt détourné de ses fins). Partout ailleurs, ce qui produit du bien-être ou du plaisir est mêlé soit de vanité soit de fausseté.

A l'inverse peut-on entièrement condamner ce qui semble tout mauvais, parce que la fausseté ou le vide produit des effets nocifs ? Nocifs pour qui ? Faut-il reprocher au plus cynique des personnages, à Rhetulus, de faire sa cour aux puissants et de tirer hypocritement "profit" de ses fausses certitudes ? Au nom de quel préjugé blâme-t-on

---

1 "Qui apprent a prudentement parler, il se fonde en sagesse qui est fondement de toute honnesteté et rectitude [...] celuy a qui Dieu donne raison, prudence et eloquence, il les doit anoblir de science en acquerant vertus et aornant sagement ses parolles" (*op. cit.* p. 6).

2 Le texte semble pourtant manifester à plusieurs reprises une sympathie pour les faibles, les exploités, du seul fait qu'il leur donne la parole pour dire leur malheur.

maintenant le plaisir, qu'à d'autres moments on semblait approuver ? On croit alors saisir que le climat de la farce, où le rire ne s'embarrasse pas de la morale, pourvu que la ruse réussisse, est une commodité dont le CM avait besoin pour semer l'équivoque. Des personnages irritent, comme Hylactor, ou font rire, comme Célia, tout autant qu'ils émeuvent. Le silence cher à Pamphagus est abandon, lâcheté tout autant que sagesse suprême. La passion philanthropique des Antipodes est nuancée par les menaces dont ils accompagnent leur demande. La leçon du CM, sa leçon de fait, tient à l'ambiguïté de son parcours, qui par la série de ses renversements carnavalesques, retourne le jeu universel, et puis nous plante là, devant l'impossibilité d'un choix cependant obligé : jamais texte à ce point n'aura joué sa vraie fonction, qui est d'obliger le lecteur à se découvrir lui-même, aux deux acceptions du terme, alors qu'il croit découvrir "le sens du texte" ou "l'intention de l'auteur"[1].

Le temps de la curiosité

Ces hésitations s'alimentent d'une passion, elle-même très ambiguë, qui compose la loi dynamique régissant, du plus élevé au plus bas, les divers étages de l'univers : la "curiosité", qui pousse les êtres doués de parole à guetter partout des "nouvelles" ; les personnages du CM s'abordent avec ce leitmotiv : "quelles nouvelles ? ". Le thème a traversé le siècle, d'Erasme à Montaigne, mais il revient ici avec une insistance frappante. A la curiosité des dieux pour les choses humaines, au premier dialogue, répond celle des Antipodes pour leurs frères de dessus, au dernier ; c'est elle qui fait le lien de l'ensemble, c'est elle le paramètre qui suture les autres, et qui impose la fable d'Acteon, au dernier Dialogue[2]. Est-elle bonne ? Est-elle mauvaise ? Comment en décider ?[3] Faut-il comprendre que cette brèche ouverte sur la différence de l'autre et de l'ailleurs, à une époque

---

1 C'est en effet ce qui nuit ordinairement aux études consacrées au CM. *Cf.* par exemple le titre de l'article de Saulnier. Comment un auteur, lui-même si incertain, témoignerait-il d'un texte dont la seule certitude est son incertitude ?

2 *Cf.* Dialogue IV, note 11.

3 Sur cette curiosité à double face chez Erasme et les autres, se reporter aux études rassemblées dans l'ouvrage *La curiosité à la Renaissance*, SEDES, 1986.

où surgissaient tant de nouveaux mondes, mêlait la ferveur à l'angoisse ? Ce goût du nouveau était-il l'envers d'un irrépressible ennui de soi, qui frappait la conscience individuelle au moment même de son éclosion ? Le "sujet", qui se découvrait à lui-même dans le temps qu'il découvrait son Autre, a-t-il été pris du sentiment de sa propre déréliction dans l'état où il se percevait ?

Ces questions, auxquelles ce n'est pas ici le lieu de répondre, permettent de comprendre que la "curiosité" fut le symptôme d'une sorte d'impatience existentielle, qui, en ces temps, bouleversait la connaissance, et redistribuait l'expérience ; certains condamnaient cet appétit de "nouvelles", parce qu'il entraînait les "nouvelletés" et menaçait l'harmonie de l'ordre établi ; de fait, il explorait l'espace, mais surtout, de façon moins spectaculaire, mais non moins radicale, le temps.

Le temps moderne s'est alors inventé, le temps tel que nous le concevons peut-être encore, un temps qui ne fait pas rien à l'affaire, qui n'est pas bloqué ni répétitif, qui ne se contente pas de reproduire l'étant, mais qui produit de l'inouï, du "profit", du "progrès" : telle fut peut-être la donnée la plus décisive de cette époque. La curiosité, c'est la durée qui se fait sensible, agissante, parce qu'elle est désir d'anticiper l'avenir, de s'arracher au présent, ou bien, si la lassitude l'emporte, de se réfugier, s'exiler dans un passé révolu : Celia regrette pitoyablement le temps perdu qui ne reviendra plus ; Hylactor attend la venue de qui conversera avec lui et il ne cherche qu'à faire parler de lui ; les dieux sont si curieux du temps terrestre, qu'ils en perdent la science des Destins contenue dans le Livre ; des forbans exploiteurs utilisent l'écriture qui leur permet, à coup de "pronostications", de prédire le futur ; la révolte de Phlegon lui fait espérer des jours meilleurs. Seul Pamphagus s'enfonce dans le silence d'un présent qu'aucune Présence n'habite, pour aveugler la conscience de soi liée à celle du temps : on peut douter de sa réussite. A un demi-siècle de là, Montaigne, au chapitre des "prognostications" justement, dénoncera ce "notable exemple de la forcenée curiosité de nostre nature, s'amusant à preoccuper les choses futures, comme si elle n'avoit pas assez affaire à digerer les présentes"[1].

Parler, se taire

Or, et c'est bien là le noeud qui tient encore nos quatre dialogues, la parole est la cause, l'instrument et le terrain où la curiosité s'exerce ; c'est parce que nous parlons que nous sommes projetés hors de nous-mêmes "beant après les choses futures", et que nous perdons le poids d'être qui nous lesterait, comme les bêtes brutes, à une place stable dans la durée de l'architecture universelle. Le silence est-il donc le fin mot de la sagesse ? Se taire est-il la seule manière de "se r'avoir", comme dira Montaigne par ailleurs si prolixe et bavard. Saulnier a inventé "l'hésuchisme", qui aurait été le moment de "l'évangélisme taciturne" dans les années 1537-1540, devant le danger que faisait courir toute parole trop hardie, et le CM en aurait été la première illustration : il fallait continuer à porter en soi la Vérité sans la dire. Nurse, prolongeant cette analyse, a rappelé que le courant mystique de la *Devotio moderna*, dont Marguerite et ses familiers étaient nourris, avait dès le XIVe siècle condamné la curiosité et prôné le silence de la contemplation[2].

Mais comment renoncer au don de la parole qui distingue l'homme de l'animal ? Il est bien vrai que "la parole fait le jeu", comme dit Cupidon, expert dans les plaisirs des doux entretiens. Le pauvre Phlegon crie la supériorité du langage qui donne l'autorité, mais il en fait pour lui-même l'expérience contraire. Hylactor gémit de son silence contraint, car il ne peut réprimer en lui la force irrésistible des mots qu'il a sur le coeur : ce à quoi Pamphagus ne parvient que par une sorte d'auto-mutilation[3].

---

1 *Essais* I-11. Cf le début du chapitre I-3 : "Ceux qui accusent les hommes d'aller tousjours beant après les choses futures, et nous apprennent a nous saisir des biens presens et nous rassoir en ceux-la. comme n'ayant aucune prise sur ce qui est à venir, voire assez moins que nous n'avons sur ce qui est passé, touchent la plus commune des humaines erreurs [...] Nous ne sommes jamais chez nous, nous sommes tousjours au delà" (etc.).

2 Pourquoi ne pas faire intervenir également l'influence stoïcienne dont Pamphagus au quatrième dialogue paraît fortement imprégné ?

3 "Qui des deux chiens a raison aux yeux de Des Périers ? ", se demande Saulnier, qui répond sans douter : "C'est incontestablement Pamphagus" (B39 p. 157).

Le drame est là : on ne peut pas plus s'interdire la parole que s'y adonner sans réserve. Si déjà peut-être "seul le silence est grand", il faut aussi reconnaître qu'il est intenable. Etre de la parole, être de parole, l'homme est lié par elle à ses semblables, autant que par elle il en est séparé. L'obsession du silence impossible est en train de lever pour la première fois la pâte de la "littérature" qui naît en ce XVIe siècle. Elle ne cessera jusqu'à Mallarmé de la produire au gré de cette contradiction : il faut, il ne faut pas parler, se taire ; comment tuer la parole à force de paroles ? comment parler à force de silence ? comment faire entendre le silence dans la parole, et la parole dans le silence ? La force du CM fut de se heurter à cette aporie, qu'après Erasme déjà, Marguerite, Rabelais, Montaigne et d'autres en ce temps ont tournée et retournée. Mais le CM eut peut-être cette sorte de hardiesse insoutenable qu'il ne laissait entrevoir nul dépassement : d'autres (hormis Montaigne parfois), au terme d'une parole qui débouchait sur le silence, espéraient l'avènement de la Présence en personne, qui relèverait notre contradiction jusqu'au ciel de la transcendance. On saisit maintenant pourquoi le CM dès son temps a été perçu comme un livre pernicieux, subversif : il brouille les pistes, renverse les critères de la croyance, équilibre les discours contraires et les neutralise, sans jamais ouvrir d'autre issue où se fier que le leurre ou la ruse. La Présence d'au-dessus s'effondre dans la sénilité ; celle d'au-dessous n'est qu'une utopie, tandis que Mercure, qui a mené le jeu de la parole, nous plante là de son rire.

On aimerait pouvoir dire que cette contradiction était figurée dans l'édition princeps au frontispice[1] : on y voit une femme au-dessus d'une devise tirée de Juvénal disant : "*probitas laudatur et alget*" (on loue la probité, elle souffre). W. Boerner a décrypté cette figure[2] : la

---

Il faut quelque audace pour usurper ainsi la place de Des Périers, d'autant que les raisons avancées sont bien contestables. Mais surtout cette préférence passe sur l'essentiel : à savoir qu'entre les deux chiens il n'y a pas de choix possible ; ils représentent les deux faces d'une alternative insurmontable.

1 Se reporter à la reproduction p. 41.

2 B9 p. 163-165. Le malheur veut, ajoutant encore au trouble de toute interprétation, que cette figure, qui a été collée sur une page de garde dans le seul exemplaire que nous ayons de l'édition de 1537, n'est peut-être pas la figure originaire. On la retrouve sur une édition du *Roman de la Rose*, parue l'année suivante, il est vrai.

probité est vêtue en sa partie droite comme un personnage glorieux (couronne de laurier, cheveux bouclés, palme en main, robe traînante), et en sa partie gauche comme une pauvresse (cheveux raides, bâton de mendiant, habit loqueteux). De part et d'autre de son visage, une inscription, qui semble prononcée par deux têtes angéliques, exhorte au courage : EUGE SOPHOS, en avant, le sage ! Si Bonaventure Des Périers est bien l'auteur du *Cymbalum Mundi*, on sait qu'il a aimé se désigner lui-même dans ses *Poésies* sous le nom du "pauvre Dedalus", ce sage-fou de la légende, qui, après avoir conçu les détours captieux du Labyrinthe, avait rêvé de voler au Ciel d'où il retomba, en pleine gloire, en plein oubli.

> Vous voulez donc voir Dedalus qui vole,
> O Marguerite ! où nostre espoir espère ?
> Que verrez vous ? une naïfve idole...[1]

Cette "idole", image floue, diverse, fantasmatique, ne s'est pas affermie après plus de quatre siècles d'éloignement : Des Périers nous échappe toujours. Mais elle est "naïfve" (naturelle) en ce qu'elle livre encore l'essentiel de ce que le CM nous dit toujours à sa manière, à savoir que les mots du langage humain, fût-il celui des poètes, sont le matériau dont sont faites toutes les "idoles".

Les libraires faisaient usage d'une même figurine pour des ouvrages différents. T. Peach (B31) qui a étudié de près l'exemplaire unique du CM, conservé à la Bibliothèque de Versailles, est affirmatif : "Malgré qu'on en ait, cette figure ne tient aucune clef pour l'interprétation du texte, et les diverses Interprétations qu'on lui a attribuées se révèlent oiseuses. " (note p. 720). Le frontispice de l'édition de 1538 est tout autre.

1 "A Madame Marguerite, Fille du Roy", *Oeuvres diverses* édition Lacour, p. 155. Des Périers a pris le surnom de Dedalus, comme l'a fait remarquer L. Sozzi, sans doute pour céder à "un jeu de mots découlant de son activité de copiste : il s'appellera Dedalus tout simplement pour souligner son habileté à se servir de ses *plumes* "(B36 p. 28-29 note 88). A quoi Boemer (B15 p. 110 sq) ajoute que l'image de Dédale chez Des Périers signifie aussi "l'artisan qui recherche la perfection naturelle".

Cymbalū mūdi

EN FRANCOYS,

Contenant quatre Dialogues Poetiques, fort antiques, ioyeux, & facetieux.

Probitas laudatur, & alget.

M.D.XXXVII

AVERTISSEMENT

Le texte que nous donnons à lire est celui de la première édition (1537). Nous en avons respecté les particularités (même quand elles posent des problèmes -rares- d'intelligence), notamment en ce qui concerne la ponctuation, qui met en jeu le sens même du texte ou ses nuances. Les imprimeurs du temps n'avaient pas tous les signes dont nous disposons aujourd'hui ; ils ignoraient le point-virgule, le point d'exclamation, les guillemets, mais ils suppléaient à ces manques par d'autres conventions (l'emploi des majuscules, par exemple, qui nous surprend après tel ou tel signe). Nous n'avons pas le droit de remplacer leurs marques par les nôtres, et d'imposer notre intelligence syntaxique et la respiration de notre propre diction (c'est ici un texte de théâtre) : au lecteur de comprendre et d'en juger[1]. La langue du CM n'est pas savante comme celle de Rabelais ; plus que la sienne elle est marquée d'oralité, et ses effets sont directement perceptibles.

Pour la même raison, nous n'avons pas cru devoir moderniser l'orthographe, ni la normaliser, sauf en ce qui touche la lisibilité : ainsi nous avons introduit les apostrophes que l'imprimeur ignore systématiquement ; de même nous avons ajouté des accents en fin de mots sur les "e" non muets (l'original ne comporte aucun accent). Mais nous avons respecté ce qui peut nous paraître aujourd'hui des "anomalies" graphiques, chaque fois qu'on ne peut certifier qu'elles sont dues à la négligence de l'imprimeur.

Nous avons, bien sûr, comparé le texte des deux éditions originales du CM. Celle de 1538 (Imprimée en caractères gothiques) reproduit très exactement celle de 1537 (en caractères romains), notamment en ce qui concerne la ponctuation, qui à très peu de choses près est identique

---

1 Sur les signes de ponctuation et leur valeur de sens au temps de Des Périers, on se reportera utilement au petit traité d'Etienne Dolet, *La punctuation de la langue francoyse plus Des accents d'ycelle*, qui vient d'être heureusement réédité par les éditions Obsidiane, Paris, 1990, à la suite de la célèbre *Maniere de bien traduire d'une langue en l'aultre* (1540).

dans les deux éditions. La seconde reproduit souvent les mêmes fautes, en corrige certaines, mais en introduit d'autres. Il semble bien que Benoist Bonyn, l'éditeur lyonnais, a travaillé à partir non d'un manuscrit, mais du texte déjà imprimé à Paris par son confrère Jehan Morin. Nous signalons en bas de page ces rares différences, sauf celles qui touchent aux différences orthographiques[1].

Nous désignerons les deux éditions par leur date de parution, 1537, 1538.

1 On se reportera à l'édition Nurse (B7), si l'on veut connaître les principales variantes orthographiques.

THOMAS DU CLEVIER A
son amy Pierre Tryocan S.[1]

Il y a huyct ans ou environ, cher amy, que je te promis de te rendre en langaige francoys le petit traicté que je te monstray, intitulé Cymbalum mundi, contenant quatre dialogues poetiques, lequel j'avoys trouvé en une vieille Librairie d'ung monastere qui est aupres de la cité de dabas[2]*· de laquelle promesse j'ay tant faict par mes journees, que je m'en suis acquité au moins mal que j'ay peu[3]. Que si je ne te l'ay rendu de mot à mot selon le latin, tu doibs entendre que cela a esté faict tout exprès, affin de suyvre, le plus qu'il me seroit possible, les façons de parler qui sont en nostre langue Françoise : laquelle chose cognoistras facilement aux formes de juremens qui y sont, quand pour Me Hercule, Per Jovem, Dispeream, Aedepol, Per Styga, Proh Jupiter, & aultres semblables, j'ay mis ceulx là dont noz bons gallandz usent, asscavoir : Morbieu, Sambieu, Je puisse mourir, comme voulant plus tost translater & interpreter l'affection de celuy qui parle, que ces** propres parolles. Semblablement, pour vin de Phalerne j'ay mis vin de Beaulne : à icelle fin qu'il te fust plus familier & intelligible. J'ay aussi voulu adjouster à Proteus, maistre Gonin[4], pour myeux te déclairer que c'est que Proteus. Quant aux chansons que Cupido chante au troysiesme dialogue, il y avoit au texte certains vers lyriques d'amourettes, au lieu desquelz j'ay mieulx aymé mettre des chansons de nostre temps, voyant qu'elles serviront autant à propos que lesdictz vers lyriques, lesquelz (selon mon jugement), si je les eusse translatez, n'eussent point eu tant de grace[5]. Or je te l'envoye tel qu'il est, mais c'est soubz condition que tu te garderas d'en bailler aulcune copie, à celle fin que de main en main il ne vienne à tomber en celles de ceulx qui se meslent du fait de l'imprimerie, lequel art (où il souloit apporter jadis plusieurs commoditez aux lettres), par ce qu'il est maintenant

---

* 1538 : "Dabas"

** 1537 et 1538 donnent cette graphie ; on attend plutôt "ses".

trop commun, faict que ce qui est imprimé n'a point tant de grace, & est moins estimé que s'il demeuroit encore en sa simple escripture, si ce n'estoit que l'impression fust nette, & bien correcte[6]. Je t'envoiray plusieurs autres bonnes choses, si je cognoy que tu n'ayes point trouvé cecy maulvais. Et à Dieu mon cher amy, auquel je prie qu'il te tienne en sa grace, & te doint ce que ton petit cueur desire.

DIALOGUE PREMIER

Les personnages.
Mercure[1]. Byrphanes[2]. Curtalius[3]. L'Hostesse.

MERCURE. Il est bien vray qu' il[4] m' a commandé que je luy feisse relier ce livre tout à neuf : mais je ne scay s'il le demande en aix de boys, ou en aix de papier. Il ne m'a point dict, s'il le veult en veau, ou couvert de veloux. Je doubte aussi s'il entend que je le face dorer, & changer la façon des fers & des cloux, pour le faire à la mode qui court. J'ay grand peur qu'il ne soit pas bien à son gré. Il me haste si fort, & me donne tant de choses à faire à ung coup, que j'oublie l'une pour l'autre. Davantage Venus m'a dict je ne scay quoy que je disse aux Jouvencelles de Cypre touchant leur beau tainct. Juno m'a donné charge en passant que je luy apporte quelque dorure, quelque jaseran, ou quelque ceincture à la nouvelle façon, s'il en y a point ça bas. Je scay bien que Pallas[5] me demandera si ses Poetes auront rien faict de nouveau. Puis il me fault aller mener à Charon xxvii. ames de coquins, qui sont mors de langueur ce jourdhuy par les rues, & treze qui se sont entretuez aux cabaretz, & dixhuict au bordeau, huict petitz enfans que les Vestales ont suffocquez, & cinq Druydes[6] qui se sont laissez mourir de manie & male rage. Quant auray je faict toutes ces commissions ? Où est ce que l'on relie le myeulx ? à Athenes, en Germanie, à Venise, ou à Romme ? Il me semble que c'est à Athenes[7]. Il vault mieulx que je y descende. je passeray là par la rue des orfèvres & par la rue des merciers, où je verray s'il y a rien pour ma dame Juno[8]. Et puis de là m'en iray aux librairies pour chercher quelque chose de nouveau à Pallas. Or me convient il garder surtout que l'on ne sache de quelle maison je suis : Car où les Atheniens ne surfont la chose aux autres que deux fois autant qu'elle vault, ils me la vouldroyent vendre quatre foys au double.

BYRPHANES. Que regardes tu là mon compagnon ?

CURTALIUS. Que je regarde ? je voy maintenant ce que j'ay tant de foys trouvé en escript, & que je ne pouvois croire.

BYRPHANES. Et que Dyable est ce ?

CURTALIUS. C'est Mercure le messagier des Dieux, que j'ay veu descendre du ciel en terre.

BYRPHANES. O, quelle resverie. il le te semble, povre homme tu as cela songé en veillant. Sus sus allons boire, & ne pense plus à telle vaine illusion.

CURTALIUS. Par le corbieu, il n'y a rien plus vray, ce n'est pas mocquerie : il s'est là posé, & croy qu'il passera tantost par icy, attendons ung petit. Tien, le voys tu là ?

BYRPHANES. Il ne s'en fault gueres que je ne croye ce que tu me diz, veu aussi que je voy la chose à l'oeil. Pardieu voylà ung homme acoustré de la sorte que les Poetes nous descripvent Mercure[9]. Je ne scay que faire de croyre que ce le soit.

CURTALIUS. Tay toi : voyons ung petit qui* deviendra, il vient droit à nous.

MERCURE. Dieu gard les compaignons. vend on bon vin ceans ? Corbieu j'ay grand soif.

CURTALIUS. Monsieur, je pense qu'il n'en y a point de meilleur dedans Athenes. Et puis monsieur quelles nouvelles ?

MERCURE. Par mon ame je n'en scay nulles, je viens icy pour en apprendre. Hostesse, faictes venir du vin, s'il vous plait.

CURTALIUS. Je t'asseure que c'est Mercure sans aultre, je le cognoys à son maintien : & voylà quelque cas qu'il apporte des cieulx. Si nous vallons rien, nous scaurons que c'est, et luy desroberons, si tu m'en veulx croire.

BYRPHANES. Ce seroit à nous une grande vertu, & gloire, de desrober non seulement ung larron, mais l'auteur de tous larrecins, tel qu'il est.

---

* 1537 et 1538 écrivent "qui". On peut comprendre soit "ce qui" (adviendra) soit "ce qu'il" (deviendra). Les antécédents "ce", "là" sont généralement omis devant les relatifs que, qui, dont, où.

CURTALIUS. Il laissera son pacquet sur ce lict, & s'en ira tantost veoir par toute la maison de ceans s'il trouvera rien mal mis apoint, pour le happer, & mettre en sa pouche ; cependant nous verrons que c'est qu'il porte là.

BYRPHANES. C'est tres bien dict à toy.

MERCURE. Le vin est il venu ? Çà compagnons passons delà en ceste chambre, & allons taster du vin.

CURTALIUS. Nous ne faisons que partir de boire ; toutesfoys monsieur nous sommes contens de vous tenir compagnie, & de boire encor avec vous.

MERCURE. Or messieurs tandis que le vin viendra, je m'en voys ung petit à l'esbat, faictes reinsser des verres ce pendant, & apporter quelque chose à manger.

CURTALIUS. Le voys tu là le galland ? Je cognois ses façons de faire. Je veulx qu'on me pende s'il retourne qu'il n'ayt fouillé par tous les coings de ceans, & qu'il n'ayt faict sa main, comment que ce soit, & t'asseure bien qu'il ne retournera pas si tost. Pource voyons ce pendant que c'est qu'il a icy, & le desrobons aussi si nous pouvons.

BYRPHANES. Despeschons nous donc, qu'il ne nous surprenne sur le faict.

CURTALIUS. Voy cy ung livre.

BYRPHANES. Quel livre est ce ?

CURTALIUS. QUAE IN HOC LIBRO CONTINENTUR : CHRONICA RERUM MEMORABILIUM QUAS JUPITER GESSIT ANTEQUAM ESSET IPSE.

FATORUM PRESCRIPTUM : SIVE, EORUM QUAE FUTURA SUNT, CERTAE DISPOSITIONES. CATALOGUS HEROUM IMMORTALIUM, QUI CUM JOVE VITAM VICTURI SUNT SEMPITERNAM[10].

Vertubieu, voicy ung beau livre mon compagnon, je croy qu'il ne s'en vend point de tel dedans Athenes. Scays tu que nous ferons ? nous en avons ung delà, qui est bien de ce volume, & aussi grand, va le querir, & le mettons en son sac, en lieu de cestuy cy, & le refermons comme il estoit, il ne s'en doubtera jà.

BYRPHANES. Par le corbieu nous sommes riches, nous trouverons tel libraire qui nous baillera dix mil escuz de la copie. C'est le livre de Jupiter lequel Mercure vient faire relier (comme je pense) Car il tombe tout en pieces de viellesse. tien voylà celuy que tu diz, lequel ne vault de gueres mieulx, & te prometz que à les veoir il n'y a grand difference de l'ung à l'aultre.
CURTALIUS. Voylà qui va bien, le pacquet est tout ainsi qu'il estoit, il n'y scauroit rien cognoistre.
MERCURE. Sus beuvons compagnons. Je viens de visiter le logis de ceans, lequel me semble bien beau.
BYRPHANES. Le logis est beau, monsieur, pour cela qu'il contient.
MERCURE. Et puis que dit on de nouveau ?
CURTALIUS. Nous n'en scavons rien Monsieur, si nous n'en apprenons de vous.
MERCURE. Or bien, je boy à vous Messieurs.
BYRPHANES. Monsieur, vous soyes le tres bien venu*. nous vous allons pleiger[11].
MERCURE. Quel vin est ce cy ?
CURTALIUS. Vin de Beaulne.
MERCURE. Vin de Beaulne ? Corbieu, Jupiter ne boit point de nectar meilleur.
BYRPHANES. Le vin est bon : mais il ne fault pas acomparager le vin de ce monde au nectar de Jupiter.
MERCURE. Je renybieu, Jupiter n'est point servy de meilleur Nectar.
CURTALIUS. Advisez bien que c'est que vous dictes. car vous blasphemez grandement : & diz que vous n'estes pas homme de bien si vous voulez soustenir cela, voire par le sambieu !
MERCURE. Mon amy, ne vous colerez pas tant. J'ay tasté des deux : & vous dys que cestuy cy vault mieulx.
CURTALIUS. Monsieur, je ne me colere point, ny je n'ay point beu de Nectar, comme vous dictes qu'avez faict : mais nous croions ce qu'en est escript, & ce que l'on en dict. Vous ne devez point faire

---

* 1537 : "veuu", coquille manifeste corrigée par "venu" en 1538.

comparaison de quelque vin qui croisse en ce monde icy, au nectar de Jupiter : vous ne seriez pas soustenu en ceste cause.
MERCURE. Je ne scay comment vous le croyez : mais il est ainsi comme je le vous dys.
CURTALIUS. Je puisse mourir de male mort, Monsieur, (& me pardonnez, s'il vous plait) si vous voulez maintenir ceste opinion, si je ne vous fais mettre en lieu où vous ne verres voz piedz de troys moys, tant pour cela, que pour quelque chose que vous ne cuydyez* pas que je sache. (Escoute mon compagnon, il a desrobé je scay bien quoy là hault en la chambre, par le Corbieu, il n'y a rien si vray) Je ne scay qui vous estes : mais ce n'est pas bien faict à vous de tenir ces propos là : vous vous en pourriez bien repentir, & d'aultres cas que vous avez faictz il n'y a pas long temps : & sortez de ceans hardyment : car, par la morbieu, si je sors premier que vous, ce sera à voz despens. Je vous ameneray des gens qu'il vauldroit mieulx que vous eussiez à faire à tous les diables d'enfer, que au moindre d'eulx[12].
BYRPHANES. Monsieur, il dict vray : vous ne devez point ainsi vilainement blasphemer. Et ne vous fiez en mon compagnon que bien apoint. Par le Corbieu, il ne vous dict** chose qu'il ne face, si vous luy eschauffez gueres le poil.
MERC. C'est pitie d'avoir affaire aux hommes, que le grand diable ayt part à l'heure que mon pere Jupiter me donna jamais l'office pour traficquer & converser entre les humains. Hostesse, tenez, payez vous, prenez là ce qu'il vous fault. Et bien, estes vous contente ?
L'HOSTESSE. Ouy monsieur.
MERCURE. Ma dame, que je vous dye ung mot à l'oreille si vous plait. Scavez vous point comment s'appellent ces deux compagnons qui ont beu delà avec moy ?
L'HOSTESSE. L'ung s'appelle Byrphanes, & l'aultre Curtalius.
MERCURE. C'est assez. A Dieu madame. mais pour le plaisir que m'avez faict, tant de m'avoir donné de si bon vin, que de me dire les

---

* "Cuydiez", Leçon de 1537 et 1538 ; on attend plutôt "cuydez".
** L'édition de 1537 écrit "dect", corrigé par "dict" en 1538.

noms de ces meschans, je vous promectz & asseure, que vostre vie sera allongée de cinquante ans en bonne santé, & joyeuse liberté, oultre l'institution & ordonnance de mes cousines les Destinées.
L'HOSTESSE. Vous me promettez merveilles, monsieur, pour ung rien : mais je ne le puis croire : pour ce que je suis bien asseurée, que cela ne pourroit jamais advenir. Je croy que vous le vouldriez bien, aussi feroy je de ma part : car je seroye bien heureuse de vivre si longuement en tel estat, que vous me dictes : Mais si ne s'en fera il rien pourtant.
MERCURE. Dictes vous ? ha, vous en riez, & vous en mocquez ? Non, vous ne vivrez pas tant voirement, & si serez tout le temps de vostre vie en servitude, & malade toutes les lunes jusques au sang. Or voy je bien que la maulvaistié des femmes surmontera celle des hommes. Hardiment il ne s'en fera rien, puis que vous ne l'avez pas voulu croire. vous n'aurez jamais hoste (quelque plaisir que luy ayez faict) qui vous paye de si riches promesses. Voylà de dangereux maraudz. Tudieu, je n'euz jamais plus belle paour : Car je croy qu'ilz m'ont bien veu prendre ce petit ymage d'argent, qui estoit sur le buffet en hault, que j'ay desrobé pour en faire ung present à mon cousin Ganymedes, lequel me baille tousjours ce qui reste en la coupe de Jupiter, après qu'il a pris son nectar. C'estoit de quoy ilz parloyent ensemble. S'ilz m'eussent une foys pris, j'estoye infame, moy, & tout mon lignage celeste*. Mais si jamais ilz tumbent en mes mains, je** les recommanderay à Charon, qu'il les face ung petit chommer sur le rivage, & qu'il ne les passe de trois mil ans. Et si vous joueray encores ung bon tour, messieurs Byrphanes, & Curtalius : car devant que je rende le livre d'immortalité à Jupiter mon pere, lequel je vois faire relier, j'en effaceray voz beaux noms, si je les y trouve escriptz, & celuy de vostre belle hostesse, qui est si desdaigneuse, qu'elle ne veult croire ny accepter que l'on luy face du bien.

---

* Jusqu'à cet endroit, 1538 utilisait le signe / en place de la virgule qu'on trouve partout dans 1537. A partir d'ici, sauf très rares exceptions, la virgule se géneralise dans 1538.

** 1538 : j'ay

CURTALIUS. Par mon ame, nous luy en avons bien baillé. C'estoit ainsi qu'il failloit besongner, Byrphanes*, affin d'en vuyder la place. C'est Mercure luy mesme, sans faillir.

BYRPHANES. C'est luy sans autre, voyrement. Voylà le plus heureux larcin qui fut jamais faict : car nous avons desrobé le prince & patron des robeurs : qui est ung acte digne de memoire immortele : & si avons recouvert ung livre dont il n'est point de semblable au monde.

CURTALIUS. La pippée est bonne, veu que au lieu du sien nous luy en avons mis ung qui parle bien d'autres matieres. Je ne crains que une chose, c'est, que si Jupiter le voit, & qu'il trouve son livre perdu, il n'en fouldroye & abysme tout ce povre monde icy, qui n'en peult mais, pour la punition de nostre forfaict. il n'y auroit gueres à faire : car il est assez tempestatif quand il se y met. Mais je te diray que nous ferons. Pour ce que je pense que tout ainsi que rien n'est contenu en ce livre, qui ne se face : ainsi rien ne se faict, qui n'y soit contenu. Nous regarderons ce pendant si cestuy nostre larcin y est point predict & pronostiqué, & s'il dict point que nous le rendrons quelque foys, à celle fin que nous soyons plus asseurez du faict.

BYRPHANES. S'il y est, nous le trouverons en cet endroict, car voicy le tiltre, *Fata & eventus anni.*

CURTALIUS. St, St. Cache ce livre : car j'oy** Ardelio[13] qui vient : lequel le vouldroit veoir. Nous le verrons plus amplement une autre foys tout à loysir.

---

* 1537 écrit "Byrphanes" en lettres majuscules et entre deux points, comme s'il s'agissait d'un changement d'interlocuteur. Ce qui est une erreur manifeste, partiellement corrigée dans 1538, qui met un point après Byrphanes, mais ne fait pas précéder ce nom du signe ☙ par lequel il signale toujours le changement d'interlocuteur.

** 1538 : je voy.

DIALOGUE II*

Les personnages.
Trigabus[1]. Mercure. Rhetulus. Cubercus. Drarig[2]

TRIGABUS. Je puisse mourir, Mercure, si tu es qu'ung abuseur, & fusses tu filz de Jupiter troys foys, affin que je te le dye. Tu es ung caut Varlet. Te souvient il du bon tour que tu feiz oncques puis ne fuz tu icy ? ** Tu en baillas bien à noz Resveurs de Philosophes.

MERCURE. Comment donc ?

TRIGABUS. Comment ? quant tu leur dis que tu avois la pierre Philosophale[3], & la leur monstras, pour laquelle ilz sont encore en grant peine, dont ilz t'importunerent tant par leurs prieres, que toy doubtant à qui tu la donneroys entiere, vins à la briser et mettre en pouldre, & puis la respandiz par l'areine du theatre, où ilz estoyent disputans (comme ilz ont de costume) à celle fin que ung chascun en eust quelque peu, leur disant qu'ilz cherchassent bien[4], & que s'ilz pouvoient recouvrer d'icelle pierre philosophale, tant petite piece fust elle, ilz feroient merveilles, transmuroyent les metaulx, romproyent les barres des portes ouvertes : gariroyent ceulx qui n'auroyent point de mal : Interpreteroyent le langage des oiseaulx : Impetreroient facilement tout ce qu ilz vouldroyent des Dieux, pourveu que ce fust chose licite, & qui deust advenir, comme après le beau temps la pluye, fleurs & serain au printemps, en esté pouldre & chaleurs, fruictz en autonne, froid & fanges en hyver. bref, qu'ilz feroyent toutes choses & plusieurs aultres[5]. Vrayement ilz n'ont cesse depuis ce temps de fouiller & remuer le sable du theatre, pour en cuyder trouver des pieces. C'est ung passetemps que de les veoir esplucher. Tu dirois

* 1538 : "second".

** Telle est la ponctuation de 1537 et 1538. Les éditions modernes corrigent ainsi : "Te souvient il du bon tour que tu feiz ? Onques puis ne fuz icy. "

proprement que ce sont petiz enfans, qui s'esbattent à la pouldrette[6], sinon quant ilz viennent à se battre.
MERCURE. Et bien, n'en y a il pas eu ung qui en ayt trouvé quelque piece ?
TRIGABUS. Pas ung, de par le dyable : mais il n'y a celuy qui ne se vante qu'il en a grande quantité, tellement que si tout ce qu'ilz en monstrent, estoit amassé ensemble, il seroit dix foys plus gros que n'estoit la pierre en son entier.
MERCURE. Il pourroit bien estre, que pour des pieces d'icelle pierre philosophale, ilz auroient choisi par my le sable du sable mesmes, & si n'y auroit pas gueres à faire : car il est bien difficile de les cognoistre d'entre le sable, pource qu'il n'y a comme point de difference.
TRIGABUS. Je ne sçay : mais j'ay veu plusieurs affermer qu'ilz en avoient trouvé de la vraye, & puis, bien tost apres, doubter si c'en estoit, & finablement jetter là toutes les pieces qu'ilz en avoient, pour se* mettre à en chercher d'aultres. Puis de rechef, après en avoir bien amassé, ne se pouvoient asseurer ny persuader que c'en fust : tellement que jamais ne fut exhibé ung tel jeu, ung si plaisant esbatement, ny une si noble fable, que ceste cy. Corbieu, tu les nous as bien mis en besongne noz veaulx de philosophes.
MERCURE. N'ay pas ?
TRIGABUS. Sambieu, je vouldroie que tu eusses veu ung peu le desduit, comment ilz s'entrebattent par terre, & comment ilz ostent des mains l'ung de l'aultre les myes d'areine qu'ilz trouvent : comment ilz rechignent entre eulx quant ilz viennent à confronter ce qu'ilz ont trouvé. L'ung se vante qu'il en a plus que son compagnon, ` l'autre** luy dict que ce n'est pas de la vraye. L'ung veult enseigner comme c'est qu'il en fault trouver, & si n'en peut pas recouvrer luy mesmes. L'autre luy respond qu'il le scait aussi bien & mieulx que luy. L'ung dict que pour en trouver des pieces, il se fault vestir de rouge & vert. L'aultre

* 1538 : “ce”.

** 1538 : . L'autre

dict qu'il vauldroit mieulx estre vestu de jaune & bleu. L'ung est d'opinion qu'il ne fault manger que six fois le jour avec certaine diette. L'aultre tient que le dormir avec les femmes n'y est pas bon. L'ung dict qu'il fault avoir de la chandelle, & fust ce en plain mydi. L'aultre dict du contraire[7]. Ilz crient, ilz se demeinent, ilz se injurient, & dieu scait les beaux procès criminelz qui en sourdent, tellement qu'il n'y a court, rue, temple, fontaine, four, molin, place, cabaret, ny bourdeau, que tout ne soit plein de leurs parolles, caquetz, disputes, factions, & envies. Et si en y a aulcuns d'entre eulx qui sont si oultrecuydez & opiniastres que, pour la grande persuasion qu'ilz ont que l'areine par eulx choisie est de la vraye pierre philosophale, promettent rendre raison & juger de tout, des cieulx, des champs Elisiens, de vice, de vertu, de vie, de mort, de paix, de guerre, du passé, de l'advenir, de toutes choses & plusieurs aultres, tellement qu'il n'y a rien en ce monde, de quoy il ne faille qu'ilz en tiennent leurs propos, voire jusques aux petis chiens des garses des Druydes, & jusques aux poupees de leurs petis enfans. Il est bien vray qu'il y en a quelques ungs (ainsi que j'ay ouy dire) lesquelz on estime en avoir trouvé des pieces : mais icelles n'ont eu aucune vertu ne proprieté, sinon qu'ilz en ont transformé des hommes en cigales, qui ne font aultre chose que cacquetter jusques à la mort[8], d'aultres en perroquetz injurieux, non entendans ce qu'ilz jargonnent[9], & d'aultres en asnes propres à porter gros faix, & opiniastres à endurer force coups de bastons[10]. Bref, c'est le plus beau passetemps, & la plus joyeuse risée de considerer leur façon de faire, que l'on vit oncques et dont l'on ouyt jamais parler.

MERCURE. A bon escient ?

TRIGABUS. Voire par le corbieu. Et si tu ne m'en veulx croire, vien t'en, je te meneray au theatre, où tu verras le mistere[11], & en riras tout ton beau saoul.

MERCURE. C'est tresbien dict, allons y. Mais j'ay grand paour qu'ilz me cognoissent.

TRIGABUS. Oste ta verge, tes talaires, & ton chapeau, ilz ne te cognoistront jamais ainsi.

MERCURE. Non non, je feray bien mieulx, je m'en voys changer mon visage en aultre forme. Or me regarde bien au visage pour veoir que je deviendray.

TRIGABUS. Vertubieu, qu'est cecy ? quel Proteus ou maistre Gonin[12] tu es ? comment tu as tantost eu changé de visage ? où tu estois un beau jeune gars, tu t'es faict devenir un vieillart tout gris. ha j'entendz bien maintenant dont cela procede, c'est par la vertu des motz que je t'ay veu ce pendant mormonner entre tes levres[13] : Mais par le corbieu si faut il que tu m'en monstres la science, ou tu ne seras pas mon amy. je paieray tout ce que tu vouldras. S'il advient que je sache une foys cela, & que je prenne tel visage que je vouldray, je feray tant que l'on parlera de moy[14]. Or je ne t'abandonneray jamais que tu ne le me ayes enseigné. Je te supplie, Mercure, mon amy, apprens moy les parolles qu'il fault dire, affin que je tienne cela de toy.

MERCURE. Vraiement je le veulx bien, pource que tu es bon compaignon. je le t'enseiqneray avant que je parte d'avec toy. Allons premierement aux areines, & puis après je te le diray.

TRIGABUS. Or bien, je me fie en ta parolle. Voy tu cestuy là qui se promene si brusquement ? Je vouldrois que tu l'ouysses ung petit raisonner, tu ne vis oncques en ta vie le plus plaisant badin de philosophe. Il monstre je ne scay quel petit grain d'areine, & dict par ses bons dieux que c'est de la vraye pierre philosophale, voire et du fin cueur d'icelle. Tien là, comment il torne les yeulx en la teste ? est il content de sa personne ? voy tu comment il n'estime rien le monde au pris de soy ?

MERCURE. En voylà ung aultre qui n'est pas moins rebarbatif que luy, approchons nous ung petit, & voions les mines qu'ilz feront entre eulx, & oyons les propos qu'ilz tiendront.

TRIGABUS. C'est bien dict.[15]

RHETULUS. Vous avez beau chercher messieurs, car c'est moy qui ay trouvé la feve du gasteau.

CUBERCUS. Mon amy, ne vous glorifiez jà tant. La pierre philosophale est de telle proprieté, qu'elle pert sa vertu si l'homme presume trop de soy après qu'il en a trouvé des pieces. je pense bien que vous en avez : mais souffrez que les aultres en cherchent, & en aient aussi bien que vous, si leur est possible. Mercure qui la nous a baillée, n'entend point que nous usions de ces reprouches entre nous, mais veult que nous nous entraymions l'ung l'aultre comme freres. Car il ne nous a pas mis à la queste d'une si noble & divine chose pour dissension : mais plus tost pour dilection. Toutesfois (à ce que je voy) nous faisons tout le contraire.

RHETULUS. Or vous avez beau dire, ce n'est que sable tout ce que vous autres avez amassé.

DRARIG. Vous mentez par la gorge, en voylà une piece, qui est de la vraye pierre philosophale, mieulx que la vostre.

RHETULUS. N'as tu point de honte de presenter cela pour pierre philosophale ? Est il pas bon à veoir que ce n'est que sable ? Phy phy, oste cela[16].

DRARIG. Pour quoy me l'as tu faict tumber ? elle sera perdue. je puisse mourir de male rage, si j'estoie homme de guerre, ou que j'eusse une espée, si je ne te tuoye tout roide, sans jamais bouger de la place. comment est il possible que je la puisse trouver maintenant ? J'avois tant pris de peine à la chercher, & ce meschant, mauldict, & abominable la m'a faict perdre.

RHETULUS. Tu n'as pas perdu grand chose, ne te chaille.

DRARIG. Grant chose ? Il n'y a tresor en ce monde pour lequel je l'eusse voulu bailler, que males furies te puissent tormenter. O traistre envieux que tu es, ne me pouvois tu autrement nuyre, sinon de me faire perdre en ung moment tous mes labeurs depuis trente ans ? Je m'en vengeray, quoy qu'il tarde.

CUBERCUS. J'en ay quinze ou seze pieces, entre lesquelles je suis bien asseuré qu'il en y a quatre (pour le moins) qui sont de la plus vraye, qu'il est possible de recouvrer.

TRIGABUS. Or ça messieurs, dictes nous (s'il vous plaist) que c'est que vous autres philosophes cherchez tant tous les jours parmy l'areine de ce theatre ?

CUBERCUS. A quoy faire le demandez vous ? Scavez vous pas bien que nous cherchons des pieces de la pierre philosophale, laquelle Mercure mist jadis en pouldre, & nous la repandit en ce lieu ?

TRIGABUS. Et pour quoy faire de ces pieces ?

CUBERCUS. Pourquoy faire dea ? pour transformer les metaulx, pour faire tout ce que nous vouldrions, & impetrer tout ce que nous demanderions des dieux.

MERCURE. Est il bien possible ?

CUBERCUS. S'il est possible ? en doubtés vous ?

MERCURE. Voire j'en doubte : Car vous qui avez dict nagueres que vous en aviez pour le moins quatre pieces de la vraye, pourriez bien faire par le moyen de l'une (si toutes ne les y voulez employer) que vostre compagnon pourroit facilement recouvrer la sienne laquelle l'autre luy a faict perdre, dont il est demy enragé. Et moy qui n'ay point d'argent, vous priroy voluntiers que ce fust vostre bon plaisir de me convertir en escuz quinze livres de monnoye (sans plus) que j'ay en ma bourse, vous n'y scauriez rien perdre : il ne vous pourroit couster que le vouloir, ou la parolle, si tant estoit que ces pieces (que vous avez) eussent tant d'efficace que vous dictes.

CUBERCUS. Je vous diray Monsieur, il ne le fault pas prendre ainsi. vous devez entendre qu'il n'est pas possible que la pierre soit de telle vertu, qu'elle estoit jadis, quand elle fut brisée nouvellement par Mercure, pource qu'elle est toute esventée depuis le temps qu'il l'a respandue par le theatre. & si vous dy bien ung point qu'il n'est ja besoing qu'elle monstre sa valeur quant ainsi seroit qu'elle l'auroit encores. Et davantage, Mercure luy peult soustraire & restituer sa vertu, ainsi qu'il luy plait.

MERCURE. Il n'est ja besoing, dictes vous ? & pour quoy vous rompez vous donc la teste, les yeulx, & les reins à la chercher si obstinement ?

RHETULUS. Non non, ne dictes point cela, car elle est autant puissante & vertueuse, qu'elle fut jamais, nonobstant qu'elle soit esventée, comme vous dictes. Si ce que vous en avez, ne monstre point par oeuvre & effect quelque vertu, c'est bien signe que ce n'en est point de la vraye. Quant au regard de ce que j'en ay, je vous advertiz blen d'ung cas que j'en fay ce que veulx, Car non seulement je transmue les metaulx, comme l'or en plomb (je vous dy le plomb en l'or)[17] mais aussi j'en fay transformation sur les hommes, quand par leurs opinions transmuees, bien plus dure* que nul metal,** je leur fay prendre autre facon de vivre : car à ceulx qui n'osoient nagueres regarder les Vestales, je fay maintenant trouver bon de coucher avec elles[18]. Ceulx qui se soloient habiller à la Bouhemienne, je les fay acoustrer à la Turque. Ceulx qui par cy devant alloient à cheval, je les fay trotter à piedz. Ceulx qui avoient coustume de donner, je les contrains de demander. Et si fay bien mieulx, car je fay parler de moy par toute la Grece[19], tellement qu'il en y a telz qui soustiendront jusque à la mort contre tous, que j'en ay de la vraye. & plusieurs autres belles choses que je fay par le moyen d'icelles pieces, lesquelles seroient trop longues à racompter. Or cà bon homme, que te semble il de noz philosophes ?

MERCURE. Il me semble qu'ilz ne sont gueres sages, monsieur, ne vous ausssi.

RHETULUS. Pour quoy ?

MERCURE. De se tant travailler & debattre pour trouver & choysir par l'areine de si petites pieces d'une pierre mise en pouldre, & de perdre ainsi leur temps en ce monde icy, sans faire autre chose que chercher ce que à l'adventure il n'est pas possible de trouver, & qui (peult estre) n'y est pas. Et puis ne dictes vous pas que ce fut Mercure qui la vous brisa, & respandit par le theatre ?

RHETULUS. Voire, ce fust Mercure.

MERCURE. O povre gens, vous fiez vous en Mercure, le grand aucteur de tous abuz & tromperie ? Scavez vous pas bien qu'il n'a que le bec, & que par ses belles raisons & persuasions il vous feroit bien entendre de vessies que sont lanternes, & de nuées que sont poilles d'arain ? Ne doubtez vous point qu'il ne vous ait baillé quelque aultre

---

* Leçon de 1537 et 1538 ; on attendrait "dures".
** Leçon de 1537 et 1538 : "Métal. Je".

pierre des champs, ou*, peult estre, de l'areine mesmes, & puis qu'il vous ayt faict à croire que c'est la pierre philosophale, pour se mocquer de vous, & prendre son passetemps des labeurs, coleres, & debatz qu'il vous voit avoir en cuydant trouver la chose laquelle n'est point ?[20]

RHETULUS. Ne dictes pas cela, monsieur, car sans faillir, c'estoit la pierre philosophale. On en a trouvé des pieces et en a l'on veu certaines experiences.

MERCURE. Vous le dictes, mais j'en doubte, car il me semble que si ce la fust, vous feriez choses plus merveilleuses, veu la proprieté que vous dictes qu'elle a, & mesmement comme gens de bon vouloir que vous estes, pourriez faire devenir tous les povres riches, ou à tout le moins, vous leur feriez avoir tout ce qui leur est necessaire, sans truander.

RHETULUS. Les belistres sont de besoing au monde, car si tous estoient riches, l'on ne trouveroit point à qui donner, pour exercer la belle vertu de liberalité.

MERCURE. Vous trouveriez aysement les choses perdues, & sçauriez les cas dont les hommes doubtent, affin de les mettre d'apointement selon la verité, laquelle vous seroit bien cognue.

RHETULUS. Et que diroyent les juges, advocatz, & enquesteurs ? que feroient ilz de tous leurs codes, pandectes, & digestes, qui est une chose tant honeste & utile ?

MERCURE. Quand il y auroit quelcun qui seroit malade, & on vous manderoit**, vous ne feriez que mettre une petite piece d'icelle pierre philosophale sur le patient, qu'il seroit gary incontinent.

RHETULUS. Et de quoy serviroient les medecins, & apothicaires, & leurs beaulx livres de Galien, Avicenne, Hippocrates, Egineta[21], & autres qui leur coustent tant ? Et puis par ce moyen tout le monde vouldroit tousjours guerir de toutes maladies, & jamais nul ne vouldroit mourir, laquelle chose seroit trop desraisonnable[22].

---

* Leçon de 1537 et 1538 : "on", coquille manifeste.

** 1538 : "manderiot".

TRIGABUS. En voylà ung lequel semble avoir trouvé quelque chose, tenez comment les aultres y accourrent d'envie, & se mettent à chercher au mesme lieu.

RHETULUS. Ils font tresbien de chercher : car ce qui n'est trouvé, se trouvera.

MERCURE. Voire, mais depuis le temps que vous cherchez, si n'est il point de bruit que vous ayez faict aulcun acte digne de la pierre philosophale, qui me faict doubter que ce ne l'est point, ou (si ce l'est) qu'elle n'a point tant de vertu que l'on dict : mais que ce ne sont que parolles, & que vostre pierre ne sert que à faire des comptes.

RHETULUS. Je vous ay ja dict plusieurs cas que j'ay faict par le moyen de ce que j'en ay.

MERCURE. Et puis qu'est ce que cela ? Le grand babil & hault caquet que vous avez, en est cause, & non pas vostre grain de sable : vous tenez cela tant seulement de Mercure, & non aultre chose : car tout ainsi qu'il vous a payez de parolles, vous faisant à croire que c'estoit la pierre philosophale, aussi contentez vous le monde de belle pure parolle. Voylà de quoy je pense que vous estes tenuz à Mercure[23].

TRIGABUS. Je puisse mourir si j'estoye que du Senat, si je ne vous envoyoye bien tous à la charrue, aux vignes, ou en galleres. Pensez vous qu'il faict beau veoir ung tas de gros veaux perdre tout le temps de leur vie à chercher de petites pierres comme les enfans ? Encores si cela venoit à quelque proffit, je ne diroys pas : mais ilz ne font rien de tout ce qu'ilz cuydent, qu'ilz resvent & promettent. Par le Corbieu ilz sont plus enfans que les enfans mesmes : Car des enfans encor en faict on quelque chose, & s'en sert l'on aulcunement. s'ils s'amusent à quelque jeu, l'on les faict cesser aiséement pour les faire besongner : Mais ces Badins et Resveurs de philosophes, quant ilz se sont une foys mis à chercher des grains d'areine parmy ce theatre pensans trouver quelque piece de leur belle pierre philosophale, on ne les peult jamais retirer de ce sot jeu de barbue[24] & perpetuelle enfance, ains vieillissent & meurent sur la besongne. Combien en ay je veu qui devoyent faire merveilles ? Ouy dea, des naveaulx, ilz en ont belles lettres.[25]

RHETULUS. On n'en trouve pas de pieces ainsi que l'on vouldroit bien, puis Mercure n'est pas tousjours favorable à tous.
MERCURE. Je le pense.
RHETULUS. Or messieurs, il ne vous desplaira point, si je prens congé de vous, car voy là monsieur le Senateur Venulus[26], avec lequel j'ay promis d'aller souper, qui m'envoye querir par son serviteur.
MERCURE. A dieu donc monsieur.
TRIGABUS. Voy là de mes gens, il sera assis au hault bout de la table, on luy trenchera du meilleur, il aura l'audivit, & le cacquet par dessus tous, & dieu scait si leur en comptera de belles.
MERCURE. Et tout par le moyen de ma pierre philosophale.
TRIGABUS. Et quoy donc ? Quand ce ne seroit ja que les repues franches qu'ilz en ont, ilz sont grandement tenuz à toy Mercure.
MERCURE. Tu voy de quoy sert mon art. Or il me fault aller faire encor quelque message secret de par Jupiter mon pere, à une dame, laquelle demeure au près du temple d'apollo : & puis me fault aussi ung petit veoir ma mye devant que je retorne. A dieu.
TRIGABUS. Tu ne me veulx donc pas tenir promesse ?
MERCURE. De quoy ?
TRIGABUS. De m'enseigner les motz qu'il fault dire pour changer ma trongne & mon visage en telle forme que je vouldray.
MERCURE. Ouy dea, c'est bien dict : escoute en l'oreille.
TRIGABUS. Comment ? Je ne t'oy pas, je ne scay que tu dis, parle plus hault.
MERCURE. Voylà toute la recepte, ne l'oblie pas[27].
TRIGABUS. Qu'a il dict ? par le sambieu je ne l'ay point entendu, & croy qu'il ne m'a rien dict, car je n'ay rien ouy. S'il m'eust voulu enseigner cela, j'eusse faict mille gentillesses, je n'eusse jamais eu paour d'avoir faulte de rien, Car quant j'eusse eu affaire d'argent, je n'eusse faict que transmuer mon visage en celluy de quelcun à qui ces* tresoriers en doyvent, & m'en feusse allé le recevoir pour luy. Et pour bien jouyr de mes amours, & entrer sans danger chez ma mye, j'eusse

* "ces", leçon de 1537 et 1538. On attendrait "ses".

pris souvent la forme & la face de l'une de ses voisines, à celle fin que l'on ne m'eust cogneu, & plusieurs aultres bons tours que j'eusse faict. O la bonne façon de masques que c'eust esté, s'il m'eust voulu dire les motz, & qu'il ne m'eust point abusé. Or je reviens à moy mesmes, & cognois que l'homme est bien fol, lequel s'attend avoir quelque cas de cela qui n'est point, & plus malheureux celuy, qui espere chose impossible.[28]

DIALOGUE III*

Les personnages.
Mercure, Cupido, Celia, Phlegon, Statius, Ardelio.

MERCURE. Encores suis je grandement esmerveillé comment il[1] peult avoir si belle patience. le forfaict de Lycaon, pour lequel il fit jadis venir le deluge sur la terre[2], n'estoit point tant abominable que cestuy cy. Je ne scay à quoy il tient, qu'il n'en a desjà du tout fouldroyé & perdu ce malheureux monde, de dire que ces traistres humains non seulement luy ayent osé retenir son livre, où est toute sa prescience : Mais encores, comme si c'estoit par injure & mocquerie, ilz luy en ont envoyé ung au lieu d'icelluy, contenant tous ses petiz passetemps d'amours, & de jeunesse, lesquelz il pensoyt bien avoir faictz à cachette de Juno, des dieux & de tous les hommes : Comme quand il se feit Taureau pour ravir Europe : Quand il se desguisa en Cygne pour aller à Leda : Quand il print la forme d'Amphitrion, pour coucher avec Alcmena : quand il se se transmua en pluye d'or, pour jouyr de danæ : quand il se transforma en Diane, en Pasteur, en Feu, en aigle, en Serpent, & plusieurs aultres menues follies, qu'il n'appertenoit point aux hommes de scavoir, & encore moins les escrire. Pensez si Juno trouve une foys ce livre, & qu'elle vienne à lire tous ces beaulx faictz, quelle feste elle luy menera[3] ? Je m'esbahis comment il ne m'a getté du hault en bas, comme il fit jadis Vulcanus : lequel en est encor boiteux du coup qu'il print, & sera toute sa vie. Je me fusse rompu le col, car je n'avois pas mes talaires aux piedz pour voler, & me garder de tumber. Il est vray que ce a esté bien ma faulte en partie : car je y devoye bien prendre garde, de par dieu avant que l'emporter de chez le relieur : mais qui** eussé je faict ? C'estoit la veille des Bacchanales[4], il estoit presque nuict, & puis tant de commissions que je avoys encores a faire, me troubloyent

---

* 1538 : "troysieme".

** "qui" : leçon de 1537 et 1538. On attend soit "que", soit "qu'y".

si fort l'entendement, que je ne scavoye que faisoye. D'aultre part, je me fioye bien au relieur, car il me sembloit bien bon homme, aussi est il, quant ne seroit ja que pour les bons livres qu'il relie & manie tous les jours. j'ay esté vers luy depuis, Il m'a juré avec grandz sermens, qu'il m'avoit rendu le mesme livre, que je luy avoye baillé, dont je suis bien asseuré qu'il ne m'a pas esté changé en ses mains. Où est ce que je fuz ce jour là ? il m'y fault songer. Ces meschans avec lesquelz je beu en l'hostellerie du charbon blanc[5], le m'auroyent ilz point desrobé, & mys cestuy cy en son lieu ? Il pourroit bien estre, car je m'absentay d'eulx assez long temps, cependant qu'on estoit allé tirer le vin. Et par mon serment, je ne scay comment ce vieulx rassotté n'a honte ? Ne pouvoit il pas avoir veu aultrefoys dedans ce livre (ouquel il cognoissoit toutes choses) que icelluy livre devoit quelque foys devenir ? Je croy que sa lumiere l'a esblouy : car il failloit bien que cestuy accident y fust predict, aussi bien que tous les aultres : ou que le livre fust faulx[6]. Or, s'il s'en courrousse, qu'il s'en deschausse[7], je n'y scaurois que faire. Qu'est ce qu'il m'a baillé icy en memoire ? De par Jupiter l'altitonant soit faict un cry publique par tous les carrefours D'athenes, & s'il est besoing, aux quatre coings du monde, que s'il y a personne qui ayt trouvé ung livre intitulé : Quae in hoc libro continentur : Chronica rerum memorabilium, quas Jupiter gessit antequam esset ipse. Fatorum praescriptum, sive eorum quae futura sunt, certae dispositiones. Catalogus Heroum Immortalium qui cum Jove vitam victuri sunt sempiternam. Ou s'il y a quelcun qui sache aulcune nouvelle d'icelluy livre, lequel appertient à Jupiter, qu'il le rende à Mercure, lequel il trouvera tous les jours en l'academie[8] ou en la grand place, & icelluy aura pour son vin[9] la premiere requeste qu'il luy fera. Que s'il ne le rend dedans huict jours après le cry faict, Jupiter a deliberé de s'en aller par les douze maisons[10] du ciel, où il pourra aussi bien deviner celuy qui l'aura que les astrologues : dont fauldra que icelluy qui l'a, le rende, non sans grande confusion, & punition de sa personne. Et qu'est ce cy ? Memoire à Mercure de bailler à Cleopatra de par Juno, la recepte qui est cy dedans ce papier ployée, pour faire des entans, & en delivrer avec aussi grand joye que quand on les conceoit ; & apporter ce qui s'ensuyt. Voire dea apporter, je la* feray tantost : attendez vous y. Premierement ung perroquet qui sache chanter toute L'iliade D'homere. Ung corbeau, qui puisse causer & harenguer à tous propos. Une pie qui sache tous les preceptes de philosophie. Ung Singe, qui joue au quillard. Une guenon, pour luy tenir son miroir le matin quand elle s'accoustre[11]. Ung miroir d'acier de Venise, des plus grandz qu'il pourra trouver. De la Civette, de la Ceruse, Une grosse de lunettes[12], des Gandz perfumez. Le Carequant de pierrerie qui faict faire** les cent nouvelles nouvelles[13]. Ovide de l'art d'aymer, & six paires de potences D'hebene[14]. Je ne puisse jamais remonter aux cieulx, si je faiz rien de tout cela, & voylà son memoire & sa recepte en pieces, elle yra chercher ung aultre vallet que moy, par le cor bieu. Comment me seroit il possible de porter toutes ses besongnes là hault ? Ces femmes icy veulent que l'on leur face mille services, comme si l'on estoit bien tenu à elles : mais au diable l'une qui dye, tien Mercure, voy là pour avoir ung feutre de chappeau. Et puis qu'est cecy ? Memoire à Mercure de dire à Cupido de par sa mere Venus (ha, est ce vous Venus ? vous serez obeye vrayement) que le plus tost qu'il pourra, il s'en voise tromper & abuser ces Vestales[15] (lesquelles cuydent estre si sages & prudentes) pour leur remonstrer ung petit leur malheureuse follie & temerité. Et que pour ce faire, il s'adresse à Somnus, qui luy prestera voluntiers de ses garsons, avec lesquelz il yra de nuyct à icelles Vestales, & leur fera taster & trouver bon en dormant ce qu'en veillant elles ne cessent de blasmer : & qu'il escoute bien les propos de regretz & repentances que chascune tiendra à part soy, pour luy en mander toutes nouvelles bien au long, & le plus tost qu'il luy sera possible. Item dire à ces dames & damoyselles, qu'elles n'oublient pas leurs touretz de nez quand elles yront par la ville, car ilz sont bien bons pour se rire & mocquer de plusieurs choses que l'on voit, sans que le monde s'en apercoive. Item advertir les jeunes filles qu'elles ne faillent pas d'arrouser leurs violettes devers

* 1538 : "le". Cette leçon est plus satisfaisante : "le" reprend "apporter".

** 1538 : "Carquan de pierrerie qui fait faires [sic] les cent nouvelles nouvelles".

le soir, quand il fera seicheresse, & qu'elles ne se voisent pas coucher de si bonne heure qu'elles n'ayent receu & donné le bon soir à leurs amys : & qu'elles se donnent bien garde de se coiffer sans miroir, & qu'elles apprennent & recordent souvent toutes les chansons nouvelles. Qu'elles soyent gracieuses, courtoises & amyables aux amans. Qu'elles ayent plusieurs Ouys aux yeulx, & force Nennyz en la bouche : & que sur tout elles se facent bien prier à tout le moins que par leurs dictz elles ne viennent point si tost à declarer leur volunté, ains qu'elles la dissimulent le plus souvent qu'elles pourront, pour ce que c'est tout le bon. la parolle faict le jeu. Bien, il n'y aura point de faulte, si je treuve Cupido[16]. Encores des commissions ? Ha, c'est ma dame Minerve. je cognois bien son escripture[17]. Certes je ne luy vouldroye faillir, pour perdre mon immortalité. Memoire à Mercure de dire aux Poetes de par Minerve, qu'ilz se deportent de plus escrire l'ung contre l'autre, ou elle les desadvouera, car elle n'en ayme ny appreuve aucunement la façon, & qu'ilz ne s'amusent point tant à la vaine parolle de mensonge, qu'ilz ne prennent garde à l'utile silence de verité[18]. Et que s'ilz veullent escrire d'amour, que ce soit le plus honnestement, chastement & divinement qu'il leur sera possible, & à l'exemple d'elle. Davantage, scavoir si le poete Pindarus[19] a riens encores mis en lumiere, & recouvrer tout ce qu'il aura faict, & apporter tout ce qu'il pourra trouver de la façon des painctres, Apelles, Zeuxis, Parrasius, & aultres de ce temps, mesmement touchant le faict de broderie, tapisserie, & patrons d'ouvrages à l'esguille[20]. Et advertir toute la compagnie des neuf Muses, qu'elles se donnent bien garde d'ung tas de gens qui leurs font la court faisans semblant les servir & aymer, mais ce n'est que pour quelque temps, afin qu'ilz acquerent bruyt & nom des poetes, & que par le moyen d'elles (comme de toutes aultres choses dont ilz se scavent bien ayder) ilz puissent trouver accès envers Plutus, pour les richesses, duquel elles se sont veu souvent estre mesprisées & abandonnées, dont elles devroyent bien estre sages doresenavant[21]. Vrayement ma dame Minerve, je le feray pour l'amour de vous. Qui est cestuy là qui vole là ? Par dieu je gage que c'est Cupido. Cupido ?

CUPIDO. Qui est ce là ? hé, bon jour, Mercure : est ce toy ? & puis quelles nouvelles ? Que se dict de bon là hault en vostre court celeste ? Jupiter est il plus amoureux ?
MERCURE. Amoureux de par le diable ? il n'a garde pour le present : mais la memoire & souvenance de ses amours luy torne maintenant en grand ennuy, & fascherie.
CUPIDO. Comment donc ?
MERCURE. Pource que ces paillars humains en ont faict ung livre, lequel de male adventure je luy ay apporté au lieu du sien, où il regardoit tousjours quant il vouloit commander quel temps il devoit faire, lequel j'estoye allé faire relier : mais il m'a esté changé : je m'en voys pour le faire crier à son de trompe, affin que s'il y a quelcun qui l'ayt, qu'il le rende. il m'en a bien cuidé manger.
CUPIDO. Il me semble que j'ay ouy parler d'ung livre le plus merveilleux que l'on vit oncques, que deux compagnons ont, avec lequel (ainsi qu'on dict) ilz disent la bonne adventure à ung chascun & scavent aussi bien deviner ce qui est à venir, que jamais fit Tyresias, ou le Chesne de Dodone. Plusieurs Astrologues briguent pour l'avoir, ou en recouvrer la copie : Car ilz disent qu'ilz feroyent leurs Ephemerides, Pronostications, & Almanachs beaucoup plus seurs & veritables. Et davantage, ces gallantz promettent aux gens de les enroller au livre d'immortallte pour certaine somme d'argent[22].
MERCURE. Voire ? par le corbieu c'est ce livre là sans aultre. Il n'y a que danger qu'ilz y escripvent des usuriers, rongeurs de povres gens, des bougres, des larrons, & qu'ilz en effacent des gens de bien, pource qu'ilz n'ont que leur donner. Jupiter en auroit bien[23] de par le diable. Et où les pourroys je trouver ?
CUPIDO. Je ne t'en scaurois que dire : car je ne suis point curieux de ces matieres là. Je ne pense sinon à me petiz jeux, menuz plaisirs, & joyeux esbattemens, & entretenir ces jeunes dames, à jouer au cachemouchet[24] au domicile de leurs petiz cueurs où je picque & laisse souvent de mes legeres flesches, à voltiger par leurs cerveaulx, & leur chatoiller leurs tendres mouelles, & delicattes entrailles, à me monstrer & promener dedans leurs ryans yeulx, ainsi qu'en belles petites

galleries, à baiser & succer leurs levres vermeilles, à me laisser couler entre leurs durs tetins, & puis de là me desrober, & m'en aller en la vallée de joyssance, où est la fontaine de jouvence, en laquelle je me joue, je me rafreschy & recrée, & y faiz mon heureux sejour.

MERCURE. Ta mere m'a icy baillé ung memoire pour t'advertir de quelque chose. Tien, tu le verras tout à loisir, & feras le contenu : car j'ay grand haste. adieu.

CUPIDO. Tout beau, tout beau seigneur Mercure.

MERCURE. Vertubieu, tu me arracheras mes talaires, laisse moy Cupido je te prie, je n'ay pas si grand envye de jouer que toy.

CUPIDO. Pourtant que je suis jeunette, amy n'en prenez esmoy, je feroys mieulx la chosette qu'une plus vieille que moy.[25]

MERCURE. Ha, que tu as bon temps, tu ne te soucyes gueres s'il doit plouvoir ou neiger, comme faict nostre Jupiter, lequel en a perdu le livre.

CUPIDO. Tousjours les amoureux auront bon jour, Tousjours & en tout temps les amoureux auront bon temps.

MERCURE. Voire, voire, nous en sommes bien.

CUPIDO. Il y a ma damoyselle il y a je ne scay quoy. Qui est ceste belle jeune fille, que je voy là bas en ung verger seullette ? Est elle point encore amoureuse ? il fault que je la voye en face. Nenny, & toutesfoys je scay bien que son amy languit pour l'amour d'elle. Ha, vous aymerez, belle dame sans mercy[26], avant qu'ayez marché trois pas.

CELIA. O ingrate & mescognoissante que je suis. en quelle peine* est il maintenant pour l'amour de moy ? Or cognois je à ceste heure (mais las c'est bien trop tard) que la puissance d'amour est merveilleusement grande, & que l'on ne peult eviter la vengence d'iceluy. N'ay je pas grand tort d'ainsi mespriser & esconduire cestuy qui m'ayme tant ? voire plus que soy mesmes ? Veulx je tousjours estre autant insensible qu'une statue de marbre ? Vivray je tousjours ainsi seullette ? helas, il ne tient qu'à moy : ce n'est que ma faulte, & folle

---

* "Piene" pour "peine", leçon de 1537 et 1538.

opinion. Ha petiz oysillons, que vous me chantez & monstrez bien ma leçon, que nature est bonne mere, de m'enseigner, par voz motetz[27] & petiz jeux, que les creatures ne se peuvent passer de leurs semblables. Or vous feroys je voluntiers une requeste, c'est que vous ne m'importunissiez plus par voz menuz jargons : car j'entendz trop ce que vous voulez dire : & que ne me feissiez plus veoir les spectacles de voz amoureux assemblemens : car cela ne me peult resjouyr, ains me faict juger que* je suis la plus malheureuse creature qui soit en ce monde. Helas quand reviendra il mon amy ? J'ay grand paour que je ne luy aye esté si farrouche, qu'il ne retourne plus. si fera, s'il m'a autant aymée ou ayme encores, comme je l'ayme maintenant. Il me tarde bien que je ne le voy : s'il revient jamais, je luy seray plus gracieuse, & luy feray bien ung plus doulx racueil, & meilleur traictement, que je n'ay faict par cy devant[28]

CUPIDO. Va va de par dieu ! va, dict la fillette, puis que remede n'y puis mettre. Or elle est bien, la bonne dame ; elle en a ce qu'il luy en fault.

MERCURE. N'est ce pas pitié, soit que je vienne en terre, ou que je retourne aux cieulx, tousjours le monde, & les dieux me demandent, si j'ay, ou si je scay rien de nouveau. il fauldroit une mer de nouvelles, pour leur en pescher tous les jours de fresches. Je vous diray, à celle fin que le monde ayt de quoy en forger, & que j'en puisse porter là hault, je m'en voys faire tout à ceste heure, que ce cheval là parlera à son palefernier, qui est dessus, pour veoir qu'il dira : ce sera quelque chose de nouveau à tout le moins. Gargabanado Phorbantas Sarmotoragos. O, qu'ay je faict ? j'ay presque proferé tout hault les parolles qu'il fault dire pour faire parler les bestes. Je suis bien fol, quant je y pense, si j'eusse tout dict, et qu'il y eust icy quelcun qui m'eust ouy, il en eust peu apprendre la science.

PHLEGON LE CHEVAL[29]. Il a esté ung temps que les bestes parloyent : mais si le parler ne nous eust point esté osté non plus qu'à vous, vous ne nous trouveriez pas si bestes que vous faictes.

---

* "qui" pour "que", leçon de 1537 et 1538.

STATIUS[30]. Qu'est ce à dire cecy ? Par la vertu bieu, mon cheval parle.
PHLEGON. Voire dea, je parle, & pour quoy non ? Entre vous hommes, pource que à vous seulz la parolle est demourée, & que nous povres bestes n'avons point d'intelligence entre nous, par cela que nous ne pouvons rien dire, vous scavez bien usurper toute puissance sur nous, & non seulement dictes de nous tout ce qu'il vous plait, mais aussi vous montez sur nous, vous nous picquez, vous nous battez : il fault que nous vous pourtions, que nous vous vestions, que nous vous nourrissions, & vous nous vendez, vous nous tuez, vous nous mangez. Dont vient cela ? c'est par faulte que nous ne parlons pas. Que si nous scavions parler, & dire noz raisons, vous estes tant humains (ou devez estre) que après nous avoir ouy, vous nous traicteriez aultrement, comme je pense.
STATIUS. Par la morbieu il ne fut oncques parlé de choses si estrange que ceste cy. Bonnes gens, je vous prie venez ouyr ceste merveille, autrement vous ne le croyriez pas. Par le sambieu mon cheval parle.
ARDELIO. Qui a il là, que tant de gens y accourrent, & s'assemblent en ung troupeau ? Il me fault veoir que c'est.
STATIUS. Ardelio, tu ne sçay pas, par le corbieu mon cheval parle.
ARDELIO. Diz tu ? voylà grand merveille. Et que dict il ?
STATIUS. Je ne scay : car je suis tant estonné d'ouyr sortir parolles d'une telle bouche, que je n'entendz point à ce qu'il dict.
ARDELIO. Metz pied à terre, & l'escoutons ung petit raisonner. Retirez vous messieurs s'il vous plait, faictes place, vous verrez aussi bien de loing que de près.
STATIUS. Or ça, que veulx tu dire, belle beste par tes parolles ?
PHLEGON. Gens de bien, puis qu'il a pleu au bon Mercure de m'avolr restitué le parler. & que vous en voz affaires prenez bien tant de loisir de vouloir escouter la cause d'ung povre animau que je suis, vous devez scavoir que cestuy mon palefrenier me faict toutes les rudesses qu'il peult, & non seulement il me bat, il me picque, il me laisse mourir de fain, Mais.*
STATIUS. Je te laisse mourir de fain ?

* Statius coupe la parole à Phlegon.

PHLEGON. Voire, tu me laisses mourir de fain.

STATIUS. Par la morbieu vous mentez, & si vous le voulez soustenir, je vous couperay la gorge.

ARDELIO. Non ferez dea, seriez vous bien si hardy, de tuer ung cheval qui scait parler ? Il est pour faire ung present au roy Ptolemee[31] le plus exquis qu'on vist jamais. Et si vous advertiz bien que tout le tresor de Cresus ne le pourroit pas payer. Pource, advisez bien que vous ne le touchez point, si vous estes sage.

STATIUS. Pourquoy dict il donc ce qui n'est pas vray ?

PHLEGON. Te souvient il point quant dernierement on t'avoit baillé de l'argent pour la despence de quatre chevaulx que nous sommes, que tu faisois ton compte ainsi : Vous avez force fein, & force paille, faictes grand chere, vous n'aurez que pour tant d'aveine le jour, la reste sera pour aller banqueter avec mamye ?

STATIUS. Il t'eust myeux valu que tu n'eusses jamais parlé : ne te soucyes.

PHLEGON. Encores ne m'en chault il de tout cela : mais quant je rencontre quelque jument au moys que nous sommes en amour (ce qui ne nous advient qu'une foys l'an) il ne me veult pas souffrir monter sur elle, toutesfois je le laisse bien tant de foys le jour monter sur moy. Vous hommes voulez ung droict pour vous, & ung aultre pour voz voisins. Vous estes bien contens d'avoir tous voz plaisirs naturelz : mais vous ne les voulez pas laisser prendre aux aultres, & mesmement à nous povres bestes. Combien de fois t'ay je veu amener des garses en l'estable pour coucher avec toy ? Combien de fois m'a il fallu estre tesmoing de ton beau gouvernement ? Je ne te vouldrois pas requerir que tu me laissasses ainsi amener des jumens en l'estable pour moy, comme tu amaine des garses pour toy : Mais quant nous allons aux champs, tu le me pourrois bien laisser faire en la saison, à tout le moins ung petit coup. Il y a six ans qu'il me chevauche : & si ne m'a pas encores laissé faire cela une povre foys.

ARDELIO. Par dieu tu as raison mon amy, tu es le plus gentil cheval, & la plus noble beste, que je veiz jamais, Touche là, j'ay une Jument, qui est à ton commandement, je la te presteray voluntiers, pour ce que tu es bon compaignon, & que tu le vaulx. tu en feras ton plaisir. Et de ma part, je serois tresaise, & joyeulx si je pouvois avoir de ta semence, quant ce ne seroit ja que pour dire, voylà de la race* du cheval qui parloit.

STATIUS. Par le corbieu je vous en garderay bien, puis que vous vous estes meslé de parler si avant. Sus sus, allons, & vous deliberez de trotter hardiment, & ne faictes point la beste si vous estes sage que je ne vous avance bien de ce baston.

ARDELIO. Adieu adieu compagnon, te voylà bien peneux de ce que ton cheval a si bien parlé à toy.

STATIUS. Par la vertu bieu je l'accoustreray bien si je puis estre à l'estable, quelque parleur qu'il soit.

ARDELIO. Or jamais je n'eusse creu qu'ung cheval eust parlé, si je ne l'eusse veu & ouy. voylà ung cheval qui vault cent millions d'escuz. Cent millions d'escuz ? on ne le scauroit trop estimer. Je m'en voys conter le cas à maistre Cerdonius[32], lequel ne l'oblira pas en ces** annalles.

MERCURE. Voylà desjà quelque chose de nouveau pour le moins, je suis bien ayse qu'il y avoit belle compaignie de gens, dieu mercy, qui ont ouy & veu le cas. Le bruict en sera tantost par la ville, quelcun le mettra par escript, & par adventure qu'il y*** adjoustera du sien pour enrichir le compte[33]. Je suis asseuré que j'en trouveray tantost la copie à vendre vers ces libraires. Ce pendant qu'il viendra quelques aultres nouvelles, je m'en voys faire mes commissions, et specialement chercher la trompette de la ville, pour faire crier s'il y a**** personne qui ayt point trouvé ce diable de livre.

---

* 1537, 1538 : "rache". Ce terme est dépourvu de sens dans le contexte ; les éditions modernes l'ont corrigé par "race". La "rache" était une maladie éruptive du cuir chevelu, attribuée à une sorte de teigne.

** "ces", leçon de 1537 et 1538, au lieu de "ses", vraisemblablement.

*** 1538 : "qui y".

**** 1538 : "s'il a y".

DIALOGUE IIII*

De deux chiens, Hylactor & Pamphagus.[1]

HYLACTOR. S'il plaisoit à Anubis[2], que je peusse trouver ung chien lequel sceut parler, entendre, & tenir propos comme je fay, que je seroye ayse ? Car je ne me veulx pas avancer de parler, que ce ne soit à mon semblable. Et toutesfoys je suis bien asseuré que, si je vouloye dire la moindre parolle devant les hommes, que je seroye le plus heureux chien, qui fut jamais. je ne scay prince ne roy** en ce monde, qui fut digne de m'avoir, veu l'estime que l'on pourroit faire de moy. Se j'en avoye tant seulement dict autant que j'en vien de dire, en quelque compagnie de gens, le bruyt en seroit desjà jusques aux Indes. Et diroit l'on par tout, Il y a en ung tel lieu ung chien qui parle. On viendroit de tous les quartiers du monde, là où je seroye, & bailleroit l'on de l'argent pour me veoir & ouyr parler. Et encores ceulx qui m'auroyent veu, & ouy, gaigneroyent souvent leur escot à racompter aux estrangers, & aux pays loingtains de ma facon, & de mes propos. Je ne pense pas que l'on ayt veu chose plus merveilleuse, plus exquise, ne plus delectable[3]. Si me garderay je bien toutesfois de rien dire devant les hommes, que je n'aye trouvé premierement quelque chien qui parle comme moy, car il n'est pas possible, qu'il n'en y ayt encores quelcun au monde. je scay bien qu'il ne me scauroit eschapper si petit mot, que incontinent ilz ne courrussent tous à moy, pour en ouyr davantage : & peult estre que à cette cause ilz me vouldroyent adorer en Grece, ainsi que l'on a faict Anubis en Egypte, tant sont les humalns curieux de nouveauté. Or, encores n'ay je rien dict, & ne diray entre les hommes, que je n'aye trouvé quelque chien qui ayt parlé à moy. Toutesfois que c'est une grand peine de se taire, mesmement à ceulx qui ont beaucoup de choses à dire, comme moy. Mais voicy que

* 1538 : "quatriesme".
** 1538 : "Prince ne Roy".

je fay quant je me trouve seulet, & que je voy que personne ne me peut ouyr : je me prens à dire à par moy tout ce que j'ay sur le cueur, & vuyde ainsi mon flux de ventre[4], je vous dy de langue, sans que le monde en soit abreuvé. Et bien souvent en allant par les rues à l'heure que tout le monde est couché, j'appelle pour mon passetemps quelcun de noz voisins par son nom, & luy fay mettre la teste à la fenestre, & cryer une heure. Qui est là ? Après qu'il a prou cryé, & que personne ne luy respond, il se colere, & moy de rire. Et quant les bons compagnons de chiens s'assemblent pour aller battre le pavé, je m'y trouve voulentiers, affin que je parle librement* entre eulx pour veoir si j'en trouveray point qui entende et parle comme moy, car ce me seroit une grande consolation, & la chose que plus je desire en ce monde. Or quand nous jouons ensemble, & nous mordons l'ung l'autre, je leur dy tousjours quelque chose en l'oreille, les appellant par leurs noms & surnoms, en leur demandant s'ilz parlent point. de laquelle chose ilz sont aussi estonnez que si cornes leur venoyent : Car voyans cela, ilz ne scavent que penser, si je suis homme desguisé en chien, ou chien qui parle. Et afin que je die tousjours quelque chose, & que je ne demeure sans parler, je me prens à crier, au meurtre, bonnes gens, au meurtre. Adonc tous les voisins s'esveillent, & se mettent aux fenestres. Mais quand ilz voyent que ce n'est que mocquerie, ilz s'en retournent coucher. Cela faict, je passe en une aultre rue, & crye tant que je puis : aux larrons aux larrons : les boutiques sont ouvertes. Ce pendant qu'ilz se lievent, je m'en voys plus avant, & quant j'ay passé ung coing de rue, je commence à crier, au feu, au feu : le feu est en vostre maison. Incontinent vous les verriez tous saillir en place les ungs en chemises, les aultres tous nudz, les femmes toutes deschevelées, cryans : où est ce ? où est ce ? Et quant ilz ont prou esté en ceste sueur, & qu'ilz ont bien cherché & regardé par tout, ilz trouvent à la fin que ce n'est rien, dont s'en retournent achever leurs besongnes, & dormir seurement. Puis quant j'ay bien faict toutes les follies de mes nuictz attiques, jusques au chapitre Qui sunt leves & importuni loquutores[5], pour mieulx passer

---

* 1538 : "liberalement".

le demourant de mes phantasies, ung peu devant que le jour vienne, je me transporte au parc de noz ouailles, faire le loup en la paille : ou je m'en voys desraciner quelque arbre mal planté : ou brouiller & mesler les filetz de ces pescheurs : ou mettre des os & des pierres au lieu du tresor que Pygargus[6] l'usurier a caché en son champ : ou je voys pisser aux potz du potier, & chier en ses beaulx vases. Et si d'adventure je rencontre le guet, j'en mors trois ou quatre pour mon plaisir, & puis je m'en fuy tant que je puis, cryant, qui me pourra prendre, si me prenne. Mais quoy qu'il en soit, si suis je bien marry que je ne trouve quelque compaignon lequel sache aussi parler[*7]. Toutesfois si ay je bonne esperance d'en trouver, ou il n'en y aura point au monde. Voylà Gargilius avec tous ses chiens qui s'en va à la chasse, je m'en voy esbattre avec eulx, affin de scavoir s'il en y a point en la compaignie quelcun qui parle. Dieu gard les compaignons, dieu gard espagnol mon amy. dieu gard mon compagnon levrier.[8] Ouy dea, ilz sont tous muetz : au diable le mot que l'on scauroit avoir d'eulx. N'est ce pas pitié ? Puis que ainsi est que je n'en trouve pas ung qui me puisse respondre, je vouldrois sçavoir quelque poison ou herbe qui me feit perdre la parolle, & me rendist aussi bien muet qu'ilz sont. Je seroye bien plus heureux que de languir ainsi du miserable desir que j'ay de parler & ne trouver oreilles commodes pour ce faire, telles que je les desire. Et toi compaignon, ne scaurois tu rien dire ? Parlez à des bestes. Dy hé matin, parles tu point ?

PAMPHAGUS. Qui appelles tu matin ? Matin toy mesmes.

HYLACTOR. Hé mon compagnon, mon amy pardonne moy, s'il te plait, & m'accolle, je te prie. Tu es celuy que j'ay le plus desiré & cherché en ce monde. Et voylà ung sault pour l'amour de Diane, qui m'a rendu tant heureux en ceste chasse, que je y ay trouvé ce que je cherchoye. En voylà encor ung autre pour toy gentil Anubis. Et cestuy là pour Cerberus, qui garde les enfers. Dy moy ton nom s'il te plait.

PAMPHAGUS. Pamphagus.

---

* 1538 : "perler".

HYLACTOR. Est ce toy, Pamphagus mon cousin, mon amy ? Tu cognois donc bien Hylactor ?
PAMPHAGUS. Voire dea, je cognois bien Hilactor. où est il ?
HYLACTOR. C'est moy.
PHAMPHAGUS. Par ta foy ? Pardonne moy Hilactor mon amy, je ne te pouvoye reconoistre, car tu as une oreille couppée, & je ne scay quelle cicatrice au front, que tu ne soulois pas avoir. dont t'est venu cela ?
HYLACTOR. Ne t'en enquiers plus avant, je te prie, la chose ne vauldroit pas le racompter, parlons d'autre matiere. Où as tu esté, & qu'as tu faict depuis que nous perdismes nostre bon maistre Acteon ?[9]
PAMPHAGUS. Ha, le grand malheur, tu me renouvelles mes douleurs. O que je perdiz beaucoup en sa mort, Hylactor mon amy : Car je faisoye grand chere lors, où maintenant je meurs de fain.
HYLACTOR. Par mon serment nous avions bon temps, quand je y pense. C'estoit ung homme de bien que Acteon, & vray gentilhomme, car il aymoit bien les chiens. On n'eust osé frapper le moindre de nous, quoy qu'il eust faict. Et avec cela que nous estions bien traictez, tout ce que nous pouvions prendre, feust en la cuisine, au garde manger ou ailleurs, estoit nostre, sans que personne eust esté si hardy de nous battre ou toucher, Car il l'avoit ainsi ordonné pour nous nourrir plus liberalement.
PAMPHAGUS. Helas, il est vray. le maistre que je sers maintenant, n'est pas tel, il s'en fault beaucoup : car il ne tient compte de nous, ny ses gens ne nous baillent rien à manger la plus part du temps : & toutes les foys que l'on nous trouve en la cuysine, on nous hue, on nous hare, on nous menace, on nous chasse, on nous bat ! tellement que nous sommes plus murdris & deschirez de coups, que vieulx coquins.
HYLACTOR. Voylà que c'est, Pamphagus, mon amy, il fault prendre en pacience. Le meilleur remede que je sache pour les doleurs presentes, c'est d'oublier les joyes passées en esperance de mieulx avoir. Ainsi que au contraire, le souvenir des maulx passez sans crainte d'iceulx, ny de pis, faict trouver les biens presens bien meilleurs, &

beaucoup plus doulx[10]. Or, scais tu que nous ferons Pamphagus mon cousin ? Laissons leur courre le lievre, & nous escartons toy & moy pour deviser ung petit plus à loisir.

PAMPHAGUS. J'en suis content, mais il ne nous fault guere demourer.

HYLACTOR. Tant peu que tu vouldras, peult estre que nous ne nous reverrons de long temps. Je seray bien ayse de te dire plusieurs choses, & d'en entendre aussi de toy. Nous voicy bien, ilz ne nous scauroient veoir en ce petit boscage. Et puis leur gibbier ne s'adresse pas par deçà. Ce pendant je te demanderoye voluntiers si tu scays point la cause pourquoy toy & moy parlons, & tous les autres chiens sont muetz, Car je n'en trouvay jamais qui me sceust rien dire fors que toy, & si en ay beaucoup veu en mon temps.

PAMPHAGUS. N'en sçais tu rien ? Je te la voys dire. Te souvient il bien quand noz compagnons Melancheres, Theridamas, & Oresitrophus[11] saillirent sur Acteon leur bon maistre, & le nostre, lequel Diane avoit nouvellement transformé en serf*, & que nous autres accourrusmes, & luy baillasmes tant de coups de dentz, qu'il mourut en la place ? Tu dois scavoir (comme j'ay depuis veu en je ne say quel livre qui est en nostre maison)

HYLACTOR. Comment ? tu scais donc bien lire. où as tu apprins cela ?

PAMPHAGUS. Je te le diray après : mais escoute cecy premierement. Tu doys entendre que quand ung chascun de nous faisoit ses effortz de le mordre, d'adventure je le mordiz en la langue, laquelle il tiroit hors la bouche, si bien que j'en emportay une bonne piece que j'avallay. Or dict le compte[12], que cela fut cause de me faire parler. il n'y a rien si vray : car aussi Diane le vouloit. Mais pour ce que je n'ay point encores parlé devant les hommes, on cuyde que ce ne soit qu'une fable : toutesfoys si est on tousjours après pour trouver les chiens qui mangerent de la langue d'Acteon serf. Car le livre dict qu'il y en eust deux, dont je suis l'ung.

---

* "serf" est la leçon de 1537 et 1538, là où nous écririons "cerf".

HYLACTOR. Corbieu je suis donc l'autre : car j'ay souvenance que je mangeay ung bon loppin de sa langue. Mais je n'eusse jamais pensé que la parolle me fust venue à cause de cela.
PAMPHAGUS. Je t'asseure Hylactor mon amy, qu'il est ainsi que je te le dy : car je l'ay veu en escript.[13]
HYLACTOR. Tu es bien heureux de te cognoistre ainsi aux livres, où l'on voit tant de bonnes choses. Que c'est un beau passetemps, je vouldroye que Diane m'eust faict la grace d'en scavoir autant que toy.
PAMPHAGUS. Et je vouldroye bien que je n'en sceusse ja tant, car de quoy sert cela à ung chien, ny le parler avec ? Ung chien ne doibt autre chose scavoir sinon abayer aux estrangers, servir de garde à la maison, flatter les domestiques, aller à la chasse, courir le lievre, & le prendre, ronger les os, lescher la vaisselle, & suivre son maistre.[14]
HYLACTOR. Il est vray : mais toutesfois si faict il bon scavoir quelque chose davantage : car on ne sçait où l'on se trouve. Comment ? tu n'as donc point encore donné à entendre aux gens, que tu scais parler ?
PAMPHAGUS. Non.
HYLACTOR. Et pour quoy ?
PAMPHAGUS. Pour ce qu'il ne m'en chault : car j'ayme mieulx me taire.
HYLACTOR. Toutesfoys si tu voulois dire quelque chose devant les hommes, tu scais bien que les gens de la ville non seulement te iroyent escouter, s'esmerveillans, & prenans plaisir à te ouyr : Mais aussi ceulx de tout le pays à l'environ, voire de tous costez du monde viendroyent à toy pour te veoir, & ouyr parler. N'estimes tu rien veoir à l'entour de toy dix millions d'oreilles qui t'escoutent, & autant d'yeulx qui te regardent en face ?[15]
PAMPHAGUS. Je scay bien tout cela. Mais quel prouffit m'en viendroit dadvantage ? Je n'ayme point la gloire de causer, affin que je te le dye : car avec ce que ce me seroit une peine, il n'y auroit si petit coquin à qui il ne me faillist tenir propos, & rendre raison. On me tiendroit en chambre, je le scay bien, on me froteroit, on me pigneroit, on m'accoustreroit, on m'adoreroit, on me doreroit, on me

dorelotteroit, Bref, je suis bien asseuré que l'on me vouldroit faire vivre autrement que le naturel d'ung chien ne requiert. Mais.*

HYLACTOR. Et bien, serois tu pas content de vivre ung petit à la façon des hommes ?

PAMPHAGUS. A la façon des hommes ? Je te jure par les trois testes de Cerberus, que j'ayme mieulx estre tousjours ce que je suys, que plus avant ressembler les hommes, en leur miserable façon de vivre, quand ne seroit jà que pour le trop parler dont il me fauldroit user avec eulx.[16]

HYLACTOR. Je ne suys pas de ton opinion. Vray est que je n'ay point encores parlé devant eulx. Mais sans cela que j'avoye en phantasie de trouver premierement quelque compagnon qui sceut parler comme nous, je n'eusse pas tant mis à leur dire quelque chose, car j'en vivroye mieux, plus honnorablement & magnifiquement. Ma parolle seroit preferée à celle de tous les hommes, quoy que je disse : Car incontinent que j'ouvriroye la bouche pour parler, l'on feroit faire silence pour m'escouter. Ne scay je pas bien que c'est que des hommes ? Ilz se faschent voulentiers des choses presentes, accoustumées, familieres & certaines, & ayment tousjours mieulx les absentes, nouvelles, estrangeres & impossibles. Et sont si sottement curieux, qu'il ne fauldroit qu'une petite plume qui s'eslevast de terre le moins du monde pour les amuser tous quantz qu'ilz sont.

PHAMPHAGUS. Il n'y a rien si vray, que les hommes se faschent d'ouyr parler l'ung l'autre, & vouldroyent bien ouyr quelque chose d'ailleurs que d'eulx mesmes. Mais considerez aussi, qu'à la longue il leur ennuiroit de te ouyr causer. Ung present n'est jamais si beau ne si plaisant qu'à l'heure qu'on le presente, & que avec belles parolles on le faict trouver bon. On n'a jamais tant de plaisir avec Lycisca que la premiere foys que l'on la couvre. Ung collier n'est jamais si neuf, que le premier jour qu'on le mect : Car le temps envieillit toutes choses, & leur faict perdre la grace de nouveauté. Auroit l'on prou ouy parler

---

* Nous userions ici aujourd'hui de points de suspension. Hylactor coupe la parole à son compagnon.

les chiens, on vouldroit ouy* parler les chatz, les beufs, les chevres, les** ouailles, les asnes, les porceaulx, les pulces, les oyseaulx, les poissons, & tous aultres animaulx. Et puis qu'auroit l'on davantage quand tout seroit dict ? Si tu consideres bien, il vault mieulx que tu soys encores à parler que si tu eusse desjà tout dict.[17]

HYLACTOR. Or je ne m'en pourrois pas tenir longuement.

PAMPHAGUS. Je m'en raporte à toy, on te aura en fort grand admiration pour ung temps, on te prisera beaucoup, tu mengeras de bons morceaulx, tu seras bien servy de tout, excepté que l'on ne te dira pas, duquel voulez vous ? car tu ne boys pas de vin, comme je croy : au reste, tu auras tout ce que tu demanderas : Mais tu ne seras pas en telle liberté que tu desireroys : Car bien souvent il te fauldra parler à l'heure que tu vouldrois dormir, & prendre ton repos. Et puis je ne scay si à la fin on se faschera point de toy. Or il est temps de nous retirer par devers noz gens, allons nous en à eulx : mais il fault faire semblant d'avoir bien couru & travaillé & d'estre hors d'aleine.

HYLACTOR. Qu'est ce que je voy là au chemin ?

PAMPHAGUS. C'est ung paquet de lettres, qui est tumbé à quelcun.

HYLACTOR. Je te prie desplie le, & regarde veoir que c'est, puis que tu scais bien lire.

PAMPHAGUS. Aux Antipodes superieurs.[18]

HYLACTOR. Aux Antipodes superieurs ? je croy qu'il y aura quelque chose de nouveau.

PAMPHAGUS. Les Antipodes inferieurs, aux Antipodes superieurs.

HYLACTOR. Mon dieu, qu'elles viennent de bien loing.

PAMPHAGUS. Messieurs les Antipodes, par le desir que nous avons de humainement converser avec vous, à celle fin d'apprendre de voz bonnes façons de vivre, & vous communiquer des nostres, suyvans le conseil des astres[19], avions faict passer par le centre de la terre aulcuns de noz gens pour aller par devers vous : mais vous ayans aperceu cela, leur avez estouppé le trou de vostre costé, de sorte qu'il fault qu'ilz

* Leçon de 1537, 1538, corrigé par "ouyr" dans les éditions modernes

** 1537, 1538 : "le", coquille manifeste

demeurent aux entrailles de la terre. Or nous vous prions que vostre bon plaisir soit de leur donner passage : autrement nous vous en ferons sortir par delà de tant de costez, & en si grande abundance, que vous ne scaurez au quel courir : Tellement, que ce que l'on vous prie de faire de grace & amour, serez contrains souffrir par force, à vostre grande honte & confusion. Et Adieu soyez. Voz bons amys les Antipodes inferieurs. Voylà bien des nouvelles.

HYLACTOR. C'est mon, & merveilleuses.

PAMPHAGUS. Escoute, on me husche, il m'en fault aller. nous lirons le demeurant des lettres une aultre foys.

HYLACTOR. Mais où est ce que tu les mettras ? Cache les là en quelque trou de cette pyramide, & les couvre d'une pierre, on ne les trouvera jamais, & puis aujourd'huy à quelque heure, si nous sommes de loysir, le jour des Saturnalles[20], nous les viendrons achever de lire : car j'espere qu'il y aura quelques bonnes nouvelles : aussi bien te veulx je apprendre plusieurs belles fables de Prometheus, la fable du grand Hercules de Libye, la fable du Jugement de Paris, la fable de Saphon, la fable de Erus qui revesquit, & la chanson de Ricochet, si d'adventure tu ne la scaiz.[21]

PAMPHAGUS. Tu m'en bailles bien. je suis tout bersé de telles matieres. Hastons nous, je te prie, & nous taisons, que noz gens, qui sont icy près, ne nous oyent parler.

HYLACTOR. Je ne parleray donc meshuy ? Si feray, par Diane, si je puis estre en nostre maison : car je ne m'en pourroie plus tenir. Adieu donc.

PAMPHAGUS. Et n'oublie pas de bien ouvrir la bouche, & tirer la langue, affin de faire les mines d'avoir bien couru.

PAMPHAGUS. Ce follastre Hylactor ne se pourra tenir de parler, affin que le monde parle aussi de luy. Il ne scauroit dire si peu de parolles qu'il n'assemblist tantost beaucoup de gens, & que le bruit n'en courre incontinent par toute la ville, tant sont les hommes curieux, & devisans voluntiers des choses nouvelles & estrangeres.[22]

Fin du present Livre intitulé Cymbalum
Mundi, en Francoys Imprimé nouvellement à
Paris pour Jehan morin libraire de
mourant audict lieu en la rue
sainct Jacques à L'ensei-
gne du croyssant.

M. D. XXXVII.*

---

* 1538 :
Fin du Present Livre intitulé Cymbalum Mundi, en Francoys Imprimé nouvellement à Lyon par Benoist Bonyn Imprimeur demourant au dict lieu en la rue de Paradis

M. D. XXXVIII.

NOTES

LETTRE DÉDICACE

1 - Sur la signification de ces noms, voir notre Introduction p. 13 note 2. Saulnier a fait remarquer que Du Clevier pouvait aussi être l'anagramme de "élucideur", mais il ne retient pas cette judicieuse hypothèse, sans doute parce que le terme est trop moderne. On a souvent fait de Thomas le prête-nom de Des Périers, sans preuve.

2 - Il est impossible d'assigner à ce terme une quelconque référence dans la réalité. Boerner a fait remarquer que ce pouvait être la 2de personne du singulier de *dare*, à l'imparfait : "tu donnais". Dans la langue du XVIe siècle, "dabas", c'est "en-bas" (voir le *Dictionnaire* de Huguet, article "bas") : "la cité de Dabas" pourrait être la ville d'où les Antipodes vont à la fin du dernier Dialogue envoyer leur message de vérité. L'hypothèse aurait le mérite d'accréditer la valeur du "petit traité" que Thomas du Clevier adresse à son ami : la Verité sort d'en-bas, renversant les valeurs établies en-haut, sur le mode carnavalesque.

3 - Ce début est un pastiche des lettres que les Humanistes plaçaient souvent en tête des manuscrits qu'ils éditaient pour la première fois. *Cf.* par exemple la lettre d'Erasme à Fisher, pour la publication des *Annotationes* de Valla en 1505 dans nos *Préfaces d'Erasme*).

4 - *Cf.* Dial. II p. 58 note 12.

5- Allusion aux débats de l'époque sur les problèmes de la traduction. Accorder la place première à "l'affection de celuy qui parle" plutôt qu'à "ses propres paroles" révèle le souci de privilégier moins la lettre d'un texte que son esprit, c'est-à-dire de faire passer dans le lecteur la "présence" de "l'auteur" toujours vivant dans ce qu'il a écrit. "Affection" traduit *affectus*, terme latin dont use Erasme pour désigner ce qui de désir ou de passion caractérise à ses yeux chaque individu.

6 - Cette réticence devant l'imprimerie se trouve souvent exprimée ailleurs (*cf.* le Prologue du *Pantagruel*, par exemple). La Bulle *Inter*

Sollicitudines du 4 mai 1515, après un éloge de "l'art d'imprimer", disait son souci de faire en sorte que "les épines ne croissent pas avec le bon plant, ou que les poisons ne soient pas mélangés aux médicaments". Ce qui frappe ici, c'est l'insistance mise sur la "grace" : celle de la traduction, puis celle de l'écriture, que menacerait la typographie, comme si la personne même de l'écrivain était en danger, et, encore une fois, sa "présence" dans son propre texte. Dans une de ses poésies, Des Périers a écrit des vers à la louange de l'imprimerie : "L'imprimerie/ Cherie/ Des Muses, comme leur soeur, / Plus grave/ Beaucoup que brave, /Y porte amour et doulceur". (Ed. Lacour I, p. 58).

DIALOGUE I

1 - Il ne suffit pas que Budé, dans le *De Asse* et le *De Transitu*, ait fait de Mercure "un messager divin" c'est-à-dire l'image du Messie, pour l'identifier à elle dans le CM, comme l'ont fait Lefranc, Busson ou Saulnier. D'autres, comme Bohatec, ont vu en lui le principe antichrétien de l'hellénisme. Morrison (B27) écrit justement : "the treatment of Mercure, as of the other ancient gods, is comic, and insofar as the comedy incorporates a message, it is fairly simple ethical one" (p. 267). La fonction carnavalesque dont Mercure est pourvu en fait un personnage extrêmement divers, qui pour nous figure emblématiquement la parole aux emplois multiples et contradictoires. Sur ce Dieu, voir l'ouvrage collectif *Mercure à la Renaissance* (B41, où se trouve l'étude de Boerner, B15).

2 - Byrphanes : Lefèvre d'Etaples (Walser), R. Estienne (Bohatec), Lucien (Wencelius), le "roussi", le "rouquin", l'homme de l'Inquisition (Saulnier).

3 - Curtalius : Calvin (Walser), Budé (Bohatec), Lucrèce (Wencelius), (Saulnier : du grec *kurtos alaos*, le bossu), l'homme de cour (Frank).

4 - "Il", c'est Jupiter, le dieu suprême.

5 - Pallas, déesse de la Raison, qui préside aux arts et à la littérature. Elle réapparaîtra en Minerve au Dial. III : elle sera le prête-

nom de Marguerite de Navarre, soeur de François I^{e}, protectrice de nombreux écrivains de son temps, et notamment de Des Périers.

6 - Allusion aux nones, d'une part, accusées d'étouffer leurs enfants clandestins, et, d'autre part, aux moines que la chasteté et la réclusion rend fous et furieux.

7 - Athènes représente vraisemblablement la ville de Lyon, célèbre pour ses imprimeurs-éditeurs. Les rues des Orfèvres et des Merciers y étaient bien connues.

8 - Au dialogue III, Mercure se montrera moins prévenant pour Junon, la femme de Jupiter et plus empressé pour Pallas et Vénus.

9 - L'"accoutrement" de Mercure consiste en ses "talaires" (sandales ailées), son chapeau à larges bords, sa "verge" ou caducée, son "sac" ou grande bourse où il emporte ses gains et ses vols.

1o - "Ce qui est contenu dans ce livre : chronique des choses mémorables accomplies par Jupiter avant même qu'il existât : registre des destins, c'est-à-dire déroulement certain des événements à venir ; catalogue des Héros immortels, qui en compagnie de Jupiter vivront une vie éternelle". Il est tentant d'identifier ce "Livre de Jupiter" avec les Ecritures. Mais de façon plus générale, ce Livre désigne toute écriture qui tire son autorité sur le présent et l'avenir, d'une sorte de fétichisme de la lettre. La question est alors de savoir par quoi remplacer cette primauté, si le socle de la croyance se dérobe ou peut être dérobé ; la parole vive peut-elle s'y substituer ? Tel est le débat de tout le livret.

11 - Cette altercation sur les mérites comparés du vin de Beaune et du nectar divin a souvent été comprise comme une allusion satirique à l'eucharistie, non sans un a priori peu soutenable, qui omet l'essentiel, à savoir que les humains se jouent du dieu qui se jouait d'eux.

12 - On peut légitimement voir ici, avec Saulnier, une allusion à la prison-"enfer" dont Marot avait décrit les horreurs dès 1526, mais ce texte ne sera publié qu'en 1539 à Anvers. Des Périers, qui avait pris la défense de Marot contre Sagon, pouvait avoir eu connaissance du manuscrit de son ami. Dolet, dont Des Périers fut le collaborateur, écrira lui aussi un *Enfer* en 1542.

13 - Ardelio : Farel, Ardillon, Luther, Calvin, Dolet, ou même François I[e]. Febvre a ironisé sur ces "séries d'identification qui n'identifient rien" (B10 p. 68). Ce personnage réapparaîtra au Dial. III.

DIALOGUE II

1 - Trigabus : Villanovanus, c'est-à-dire Michel Servet, à qui était attribué le fameux *De Tribus impostoribus* (Bohatec), Dolet (Wencelius) ; le Ménippe de Lucien (Mayer), Corneille Agrippa (J. Wirth). Plus prudemment, avec Saulnier, le "triple, le grand gabeur", dont le nom rappelle le Trismégiste, disciple de Mercure (vid. note 3).

2 - Rhetulus, Cubercus, deux anagrammes transparents de Luther et de Bucer. Sur Drarig et son identification peu vraisemblable avec Erasme, voir notre introduction p. 18 note 1.

3 - Hermès Trismégiste (à qui l'on attribuait le *Pimandre*) passait pour l'inventeur des doctrines hermétistes et alchimistes, dont on sait quelle fut la divulgation au XVIe siècle. La pierre philosophale représente "la vraie religion" pour Frank, ou "un symbole de la Foi" pour Nurse. Plus largement, n'est-elle pas plutôt, dans le contexte de ce dialogue, l'image fantasmatique de ce qui fonde la parole en vérité, une fois que l'écriture s'est dérobée ? Les "philosophes" glosent autour de (du) rien, comme pour suppléer au vide originel.

4 - Réminiscence de *Mathieu* 7, 8, ou *Jean* 16, 23-24 : "Cherchez et vous trouverez". Le thème de la quête (vaine), dont la pierre est le but, est l'un des leitmotive de ce dialogue. Mais l'existence de la Vérité, comme celle de la "vraie pierre", repose sur la croyance en un mot supposé, qui en produit une infinité d'autres, tout aussi vains que lui.

5 - Ces promesses de l'évidence sont celles qu'on trouve dans la *Pronostication des pronostications* composée en 1536 par Des Périers (B3 t. 2 p. 130), ou dans la *Pronostication pantagrueline* (1533) de Rabelais ; Mercure est bien le "caut varlet" abuseur" qui se moque de la curiosité humaine pour l'avenir et de son appétit de savoir.

6 - Jeu “proche des jonchets” (J. M. Mehl, *Les Jeux au Royaume de France*, Fayard, 1991, p. 487). K. Baldinger (B14) estime que ce jeu “consiste peut-être à cacher des épingles dans un tas de poussière”.

7 - Satire des rites et superstitions sur le mode “lucianique” cher à Erasme (*Eloge de la folie*, LIV, par exemple). La parole vide a un effet en retour sur la réalité, qu'elle oblige à des pratiques aussi vaines qu'elle. Ce passage porte la marque de “l'évangélisme” propre à ce début de siècle, notamment dans l'entourage de la reine de Navarre : il faut débarrasser la “nature” des actes et des paroles qui la recouvrent. Mais sous l'optimisme perce l'angoisse ; ce “retranchement” une fois opéré, que trouvera-t-on au lieu de “l'origine”, sinon un leurre et une duperie, sinon “rien” au lieu de “tout”, pour reprendre une opposition chère à Marguerite ?

8 - Allusion possible au mythe platonicien des cigales (*Phèdre* 259, b), ou encore à la métamorphose de Tithonos en cigale, figure, d'après le mythologue Natalis Conti, de la vieillesse bavarde. *Cf.* aussi *Eloge de la Folie*, XIV.

9 - Ces perroquets peuvent renvoyer, comme au Dial. III (p. 69 note 11), les poètes de la fameuse querelle entre Marot et Sagon, à laquelle Des Périers prit une part active.

10 - Ces ânes désignent peut-être les moines (*cf. Gargantua* chap. XLIII ed. Lefranc p. 357).

11 - La parole a perdu toute réalité (au moins dans un premier temps) : elle donne lieu au jeu théâtral des “mistères”, elle est pur spectacle pour le sage qui s'identifie à Mercure-Trigabus. Sur cette transformation du monde en théâtre, voir mon ouvrage, *La Perte des mots. Essai sur la naissance de la litterature aux XVIe et XVIIe siècles* (Presses universitaires de Strasbourg, 1990).

12 - Protée, dieu marin qui changeait de forme à volonté et avait un don prophétique. Maistre Gonin était une figure légendaire et populaire de l'illusioniste (*cf.* Boerner B7 p. 15-16 et p. 287 note 26).

13 - A la vaine parole des philosophes s'oppose celle, surnaturelle, dont la “vertu” “transforme” vraiment la réalité : Mercure en détient le secret, comme le Christ changeant le pain et le vin en son corps.

14 - En effet Trigabus n'est pas différent des "resveurs philosophes" : comme eux, il n'aime que la puissance ou la gloriole. Aussi Mercure ne lui livrera-t-il pas son secret.

15 - A partir de maintenant, nous sommes au théâtre ou nous écoutons nos "philosophes" débattre. Ils ne sont pas de la même espèce. Leur différence ne tient pas à leurs positions doctrinales (Des Périers ne prend pas parti entre les sectes), mais à leur tempérament. Drarig, le seul vraiment ridicule, est vantard, colérique et geignard : on s'attarde peu sur lui. Cubercus, plus complexe, n'est au fond qu'un hypocrite : après avoir rappelé, avec une pieuse componction, la loi d'amour qui est l'enjeu de la "pierre", il n'en révèle pas moins ensuite son désir de puissance qui le pousse comme les deux autres à "faire ce que nous vouldrions". Il termine par un aveu de scepticisme : la pierre est "toute esventée", son pouvoir est nul : le temps disperse la Vérité au lieu de l'accoucher. Ce que Rhetulus dément aussitôt, parce qu'il sait l'action du mensonge sur le réel, et le profit qu'il peut en espérer. C'est un personnage inquiétant, qui a la franchise cynique : la religion est son alibi. Il est habité par un surprenant appétit de puissance et de jouissance, qui fait de lui le sophiste des temps modernes, et encore le premier Tartuffe de notre littérature.

16 - Rhetulus souffle sur le sable que tient Drarig et le disperse.

17 - Comme tout lapsus, celui de Rhetulus le découvre : sa parole avilit ceux qu'elle atteint, comme il le montre aussitôt par les exemples qu'il donne de son pouvoir sur la réalité des hommes.

18 - Allusion au mariage de Luther et à ses réformes monastiques.

19 - Nous sommes donc en Grèce (malgré une nouvelle présence des "druydes" au début du dialogue, et malgré les noms latinisés des dieux), la Grèce pays des sophistes, parmi lesquels Rhetulus tient une honorable place : on croit entendre dans ses propos l'écho de ceux de Calliclès (*Gorgias* 482-486) : seule la violence fonde le droit en nature, et non les vains propos des Sages touchant la Vérité. Rhetulus se démarque des "resveurs philosophes", dont il a pris cependant l'habit : il est le premier à en rire.

20 - Sûr de lui, Mercure avoue sa supercherie dont il ne craint pas qu'elle soit reconnue : il n'y a jamais eu de pierre ; la parole est une écume sans support, un “babil et hault caquet” sans référent. La perte du Livre primitif au premier dialogue se double de cette imposture tout aussi radicale. Mais faut-il ici croire Mercure “l'abuseur”, le menteur ? dit-il vrai ? dit-il faux ? Comment en décider ? Les vrais menteurs sont ceux dont le mensonge même est indécelable de la vérité qu'il leur arrive de dire aussi, comme les Corinthiens de jadis.

21 - Paulus Aegineta, médecin grec, VIIe siècle ap. J. C., dont l' *Opus de re medica* est traduit en latin pour la première fois à Paris en 1532 puis réédité à Bâle en 1538, à Venise en 1542. Le dernier livre de cet ouvrage traitait de chirurgie, et fut édité séparément en 1533 à Bâle.

22 - La seconde “vertu” de la pierre-parole, une fois qu'elle a “transformé” les humains pour les ranger à l'ordre établi, consiste à justifier celui-ci, et donc à le conserver, au profit des gens en place. Sa fonction est proprement “idéologique”, au sens que Marx donnera à ce terme : elle est mensonge au service du pouvoir.

23 - Mercure répète son aveu sur le mode affirmatif, cette fois : la pierre n'était bien que le mot “pierre”, mais sa ruse a réussi au-delà même de son attente, en ceci qu'elle a suscité des disciples plus rusés que leur maître, au point même de le rouler.

24 - Jeu difficile à identifier, qui ne figure pas dans l'ouvrage de J. M. Mehl (vid. supra note 6). La haine de Trigabus contre les philosophes-enfants est celle des hommes d'action contre les intellectuels, gens du discours accusés de faux sérieux (Calliclès contre Socrate, encore une fois). Mais il se trompe doublement : il ignore que la parole est douée d'une efficacité redoutable, puisqu'elle donne corps à la réalité ; il n'a pas compris non plus que l'enfance est pour certains, le masque du pouvoir : Machiavel, plus fort en cela que Calliclès, sait jouer tous les rôles.

25 - La formule raille le fétichisme de la lettre qui fonde le gouvernement de la parole.

26 - Venulus : l'homme qui vend ou se vend (du latin *veneo*) ; mais aussi l'homme de Vénus : l'homme de tous les plaisirs liés à l'argent et au pouvoir.

27 - Mercure renouvelle avec Trigabus la ruse qu'il fit aux "philosophes" : il ne lui dit rien. Et sur ce rien se bâtissent tous les discours du monde. Le manque, le vide, le silence sont au départ où se nourrit la "folie" des hommes, thème sur lequel Trigabus va conclure le dialogue à la façon des "moralités".

28 - La "pierre", si elle existait, serait l'équivalent moderne du fameux anneau de Gygès, qui rendant son possesseur invisible, lui donnait la possibilité de toutes les audaces et tromperies. Trigabus, revenu à la sagesse, tire une des leçons de l'histoire : il faut savoir se tenir au présent et s'en contenter.

DIALOGUE III

1 - "Il" : à nouveau Jupiter.

2 - Lycaon, roi d'Arcadie, voulut vérifier si Zeus, qui avait pris l'apparence mortelle, était bien dieu ; il tenta d'abord de le tuer pendant son sommeil, puis de lui faire manger de la chair humaine. Il fut changé en loup, et le déluge fut la conséquence de ce forfait (Ovide, *Métamorphoses* I, v. 163 ss).

3 - Le monde d'En-haut est à l'image de celui d'en-bas : retour au renversement carnavalesque du Dial. I. Le vol du Livre rend Jupiter moins furieux que sa substitution par cet autre qui révèle les turpitudes de sa vie amoureuse et conjugale. Il y a du vaudeville dans l'Empyrée !

4 - Ces Bacchanales, dont les excès, trois fois par an, étaient célèbres, font penser aux fêtes du Mardi gras et à leurs débordements carnavalesques.

5 - Cette enseigne à la fonction d'une devise emblématique, comme pour signifier les successifs renversements carnavalesques des quatre dialogues.

6 - L'alternative est double : si le Livre des destinées était vrai, il devait contenir la sienne, sinon il était faux. Dans le premier cas,

Jupiter devait en avoir eu connaissance, sinon il n'était pas dieu ("sa lumiere l'a esblouy").

7 - Formule qui, plus que "l'indifférence" (*Dictionnaire* de Huguet), marque l'irrespect et l'insolence.

8 - La célèbre Ecole attachée au nom de Platon était devenue le haut lieu du scepticisme. Mercure en a fait le lieu habituel de ses fréquentations et l'on peut voir là le signe de son appartenance philosophique : il vient au monde pour le questionner et le remettre en cause.

9 - Nous dirions aujourd'hui "comme pourboire".

1o - En astrologie, les "maisons" sont les douze fuseaux qui divisent le ciel et qui permettent d'analyser sa figure à tel moment donné. Renversement comique : pour retrouvrer son pouvoir de prévision, Jupiter est contraint de recourir à la science que les astrologues avaient inventée pour lui ravir le sien.

11 - Manifestement, les commissions de Junon sont ridicules : les poètes-perroquets (*cf.* dial. II, note 9) humanistes, qui sont dejà de mode, les corbeaux prédicateurs, les pies savantes, le singe-courtisan, la guenon-dame-de-cour sont autant de figures qui, incapables d'invention, ne font qu'imiter ou flatter ce qui est en vogue. La "recepte" destinée à Cléopâtre (celle dont la beauté déclencha à Rome les guerres qu'on sait) ne doit pas surprendre : ce n'est pas une ruse d'amour, qui serait mieux dans les recommandations de Vénus à Cupido aussitôt après, mais une raillerie contre les femmes, que leur sotte inconséquence rend victimes de leur nature même.

12 - Junon est une vieille coquette (la civette était un parfum rare, la céruse, un fard blanc qui servait à masquer les rides) ; de surcroît elle ne voit rien : une "grosse" est faite de douze douzaines.

13 - Passage obscur qui est ainsi donné dans les deux éditions originales. Nurse propose de lire : "le carequant de pierrerie qu'il faict faire ; les Cent Nouvelles nouvelles ". Mais qui serait cet "il" ? on peut simplement comprendre que le célèbre recueil des *Cent nouvelles nouvelles* forme un collier ("carequant") précieux : Junon-la-vieille aime la littérature érotique réservée à la jeunesse ; d'où son goût encore pour *L'art d'aimer* d'Ovide.

14 - Junon-la-vieille a besoin de béquilles (les "potences") pour marcher : son empire s'écroule comme celui de Jupiter son mari, ce que souligne la colère de Mercure qui déchire la liste des commissions.

15 - *Cf.* Dial. I note 6.

16 - Mercure "l'abuseur" ne peut qu'être séduit par cet art de la tromperie au service du plaisir ; il se range aux côtés de la jeunesse du monde, qui est en réalité ce qu'il y a de plus vieux en lui : l'amour, le chant, et avec Pallas bientôt, la raison, la poésie, tout cela qui ne relève pas de la mode.

17 - Mercure devient le double de Des Périers, tandis que "Ma dame Minerve" est elle-même la figure transparente de Marguerite de Navarre ; son "Valet de chambre", c'est-à-dire son secrétaire, était bien placé pour connaître "bien son escripture". Minerve avec hauteur ordonne que fin soit mise à la querelle fratricide entre Marot et Sagon (1534-1537), à laquelle elle était restée étrangère, alors que Des Périers avait chaudement pris le parti de Marot.

18 - Pour Saulnier (B25 p. 162), ce "mot d'ordre" ne concerne pas seulement les poètes : "il est pour tout le monde" ; ce serait la formule même de l'"hésuchisme". Voir notre introduction p. 23.

19 - Il serait bien téméraire de mettre un nom de poète réel sous cette appellation. Mais on ne peut s'empêcher de penser que Ronsard bientôt se vantera d'être le Pindare français, rendant grâce à Marot, cependant, pour avoir ouvert la voie au lyrisme avec ses traductions des Psaumes.

20 - L. Febvre (B12 p. 92) voit là une allusion à l'éditeur Claude Nourry, et à son gendre Pierre de Sainte-Lucie : ils avaient publié, à l'enseigne du Prince, le *Pantagruel* mais aussi les *Disciples et amys de Marot contre Sagon* (qui contenait le plaidoyer de Bonaventure pour Marot absent), et bientôt le *Miroir* de Marguerite. Le "Livre nouveau dict patrons de Lingerie… comprenant l'art de broderie et de tissuterie" était l'un des livres de fonds de la maison Nourry.

21 - Cette mise en garde contre la tutelle dont la sphère politique menace la poésie, rappelle la mission que Marguerite assignait à celle-

ci et dont elle donnait elle-même l'exemple : servir des desseins surnaturels et mystiques (*cf.* ses *Prisons* notamment).

22 - Les hommes se sont substitués aux dieux pour soutirer de l'argent à leurs semblables, à coup de pronostications : l'exploitation a simplement changé de mains et de niveau.

23 - Comprendre : "Jupiter en serait ravi ! " (sur le mode ironique).

24 - Si ce jeu (qui ne figure pas non plus dans l'ouvrage de J. M. Mehl) est identique à celui de "cligne-musette" (*Dictionnaire* de Lacurne, suivi par celui de Huguet), c'est une sorte de jeu de cache-cache. Le "mouchet" désigne au XVIe siècle une touffe de plante ou de plume, et l'on songe plutôt à quelque jeu de cache-tampon, dont la signification érotique convient à ce passage.

25 - Ce sont des vers que chante ici et plus loin Cupido ; les éditions postérieures au XVIe siècle les ont toujours disposés comme tels. Pourtant le texte original les écrit comme s'ils étaient de la prose. Plusieurs poésies de Des Périers se présentent de la même façon (Ed. Lacour B3 p. 110, 141), comme s'il s'était amusé à rendre invisibles les marques du vers pour gagner une sorte de simplicité poétique, propre à l'oralité de la chanson marotique. La première strophe reprend les rimes et le rythme de la chanson 36 de Marot. Cupido est l'antipode (déjà !) du perroquet humaniste cher à Junon.

26 - Allusion au célèbre poème d'Alain Chartier (1426), dans lequel "la belle dame" résiste à tous les discours de l'Amant (voir, *infra*, nos textes d'accompagnement).

27 - Le motet était encore à cette date un chant liturgique, caractérisé par la non verticalité des mots entre les différentes voix, ce qui rendait impossible la perception du sens (*cf.* le chant des moines raillé par Rabelais au chap. XXVIII du *Gargantua*). C'est de cette façon que les "menuz jargons" des oiseaux chantent la religion d'amour.

28- Sur cet épisode, *cf.* notre introduction p. 24-5. Célia reprend les lieux communs de l'amour déçu. Il fallait à Saulnier beaucoup de parti pris pour y voir une parenté avec la "ravie de l'amour de Dieu" dans la *Comédie jouée à Mont de Marsan* de Marguerite : si toutes deux se sentent coupables devant l'amour, la seconde a péché pour ne pas avoir poussé assez loin encore son excès d'amour, l'autre pour l'avoir nié. L'une sera sauvée, Célia est perdue.

29 - L'un des chevaux d'Apollon s'appelait Phlegon, le "flamboyant". Ce nom est attribué par antiphrase à l'antihéros qui expose maintenant les revendications du petit peuple et subit les conséquences de sa vaine franchise, s'attirant notre sympathie et la cupidité d'Ardélio.

30 - Statius, ou l'immobile, le conservateur, bien assis sur son cheval qu'il maîtrise et exploite.

31 - Roi d'Egypte, célèbre pour ses richesses et ses largesses. *Cf* le Prologue du *Tiers Livre* de Rabelais.

32 - Cerdonius (du grec *kerdos*, le gain), l'annaliste payé pour louer les puissants dont il raconte l'histoire (ce sera encore la rente de situation de Racine ou de Boileau au XVIIe siècle). Ardélio, comme au premier Dialogue, incarne le curieux, dont nous comprenons qu'il vit du gain qu'il tire des moindres "nouveautés". Statius, figé dans sa dignité insultée, n'a pas cette intelligence qui transforme la nouveauté en profit et qui caractérise l'esprit nouveau.

33 - En une phrase, Mercure décrit l'origine des fables et légendes qui font sonner la "cymbale du monde" : l'écriture, dont voici à nouveau la critique, donne réalité à ce qui est simple "bruit" gonflé par la vanité du scripteur ; ce danger est accru par la divulgation des livres, dont on trouve désormais "la copie" chez tous les "libraires". Déjà, au début de ce Dialogue III, Mercure s'indignait que les hommes eussent écrit les turpitudes de Jupiter. Vraie ou fausse, l'écriture est un danger, mais la parole ne vaut pas mieux.

DIALOGUE IV

1 - Ces deux chiens figurent dans la liste des ceux qui formaient la meute d'Actéon, dont l'histoire va être rappelée. On a depuis longtemps tenté d'attribuer ces noms à des personnes réelles : Hylactor serait Luther (Lacour), Marot (Frank), Des Périers (Lefranc), Dolet (Frank, Bohatec, Delaruelle, Saulnier, Nurse, Smith) ; Pamphagus

serait Calvin (Lacour) Rabelais (Frank encore, Lefranc, Bohatec, Smith), Des Périers (Saulnier, Nurse). Pourtant cette fois aucune piste anagrammatique ou sémantique n'autorise ces identifications, qui reposent sur des a priori d'interprétation.

2 - Anubis, le dieu égyptien à tête de chien, est normalement invoqué par Hylactor. Les Romains l'avaient assimilé à Mercure, lequel, bien qu'il soit absent de ce dernier dialogue, y figure ainsi en filigrane.

3- Comme Rhetulus ou Ardelio, Hylactor veut faire parler de lui : il est impossible que le désir de trouver son semblable ne soit mêlé à celui de se faire valoir auprès de lui. Le narcissisime dans l'amour trouve ici déjà son application, avant La Rochefoucauld ou Freud.

4 - Second lapsus aussi révélateur que le précédent (Dial. II p. 49 ; *cf.* Introduction p. 27.) Hylactor est un ventriloque, et l'origine abyssale de son "flux" irrépressible en déclare la nécessité aussi bien que la vanité. Mais à passer sur la "langue", sa parole ne gagnera ni en poids ni en vérité.

5 - "Des parleurs légers et importuns" : tel est en effet le titre d'un chapitre au tout début des *Nuits Attiques* d'Aulu Gelle (I-15), auquel Hylactor s'est arrêté comme si cette définition de lui-même lui avait interdit d'aller plus loin. S'étant peu engagé dans la lecture d'Aulu Gelle (mais il ne sait même pas lire, comme on va le savoir bientôt !) on peut inférer qu'il a peu de vraies "follies" à son compte.

6 - Pygargus, l'oiseau de proie (Saulnier). On croit aussi entendre "pique-argent".

7 - Hylactor a révélé sa nature de chien en jouant le cynisme, mais on comprend que nul n'est méchant que par solitude.

8 - "Espagnol", "lévrier" sont les noms des chiens interpelés par Hylactor.

9 - Le récit de cette "perte" se trouve dans les *Métamorphoses* d'Ovide, III, v. 131-2S2.

10 - Cette sagesse, qui consiste à vivre au présent, était déjà celle de Trigabus, à la fin du Dialogue II ; mais elle étonne ici dans la bouche d'Hylactor, après son monologue ; ce sera aussi celle de

Pamphagus qui, plus rigoureux que lui, décidera que, pour la réaliser, il faut s'enfermer dans le silence.

11 - Ces noms de chiens sont également donnés par Ovide.

12 - Dans quel "compte" Pamphagus a-t-il lu cette "cause" ? Ovide n'en disait rien. On est peut-être en droit d'accorder une signification redoublée à cette fable dans la fable. Le mythographe Natalis Conti accordait à l'histoire d'Actéon cette leçon directement liée au thème central du CM, la "curiosité : "Nous sommes avertis aussi par cette fable de ne pas être trop curieux des choses qui ne nous regardent pas, car beaucoup ont souffert de connaître les secrets d'autrui, l'origine (*principium*) des cités, des grands hommes, des dieux surtout, dont la moindre intelligence des secrets peut facilement faire périr qui la possède" (*Mythologia* VI-24, ed. 1605, p. 662). Actéon est mort de sa curiosité : il a regardé Diane à son bain. Mais les deux chiens qui ont mangé un morceau de sa langue, ont hérité de son vice : parole et curiosité ne font qu'un ; la langue est l'instrument de la parole aussi bien que de la curiosité qui fait le malheur de tous.

13 - Bref retour au thème du premier dialogue : Pamphagus "croit" ce qui est "écrit".

14 - Phlegon incarnait la révolte spontanée, naïve, Pamphagus, la résignation lucide et silencieuse. La science, quand on appartient à la race des esclaves, ne sert à rien, sauf à alimenter la parole curieuse et donc malheureuse.

15 - Hylactor s'imagine sous les traits d'un orateur-acteur, idole de son public ; il trouve les mots qui seront ceux plus tard de Du Vair pour dépeindre l'image théâtrale de l'orateur : "Qu'y a-t-il de plus auguste que de veoir, quand vous vous levez pour parler, tout le monde se taire, [...] veoir les mouvements et inclinations des peuples se tourner avec vostre parolle, [...] Qu'y a-t-il que les estrangers désirent davantage de veoir en une ville quand ils y arrivent ? " etc. (*Traité de l'Eloquence françoise*, 1594. *Cf.* notre *Perte des mots* chap. 5). La société est un théâtre où chacun rêve de se faire voir et parler.

16 - Pamphagus a sa dignité : le silence est sa réponse stoïcienne à son esclavage. On pense à Epictète, l'esclave, et à ses éloges du silence

(*Entretiens* IV-xiii, *Manuel* XXXIII, par exemple). Pamphagus se pique de sagesse, et non de religiosité mystique ou évangélique.

17 - La parole accélère le temps qui "envieillit toutes choses". Le silence est la seule façon, désespérée, car impossible, de le ralentir.

18 - La question des Antipodes, comme celle des animaux parlants, était un lieu commun antique, qui avait traversé le Moyen Age (voir infra nos textes d'accompagnemont sur cette question). Les récits des voyageurs lui ont donné un regain d'actualité au XVIe siècle. T. Peach (B24 p. 285) note que Des Périers, moraliste et non géographe, "adopte l'idée traditionnelle de l'impossibilité de toute communication physique [...] pour dire son mot sur une question morale concernant l'homme contemporain".

19 - Ces Antipodes sont également astrologues, mais des mouvements célestes ils tirent la leçon de leur harmonie, au lieu de chercher "curieusement" à prévoir les nouveautés de l'avenir.

20 - Ces fêtes de fin d'année, outre des échanges de cadeaux, donnaient lieu, comme les Bacchanales (*cf.* Dial III), à des renversements carnavalesques : les esclaves commandaient aux maîtres, et ceux-ci les servaient à table.

21 - Prométhée, Hercule, (P)saphon (ce lybien qui se fit passer pour un dieu après avoir dressé des oiseaux à dire qu'il l'était), Erus (fils d'Arménius qui, au dire de Platon, ressuscita après douze jours de mort, et raconta aux hommes son voyage outre-tombe) : autant de "belles fables" où certains ont cru déceler autant d'allusions à la divinité ou à la résurrection du Christ (*cf.* Febvre B10 p. 102-103, par exemple). Donnons pour une fois raison à Saulnier : "Tous ces thèmes fabuleux sont au fond autant de nids à contestations aussi oiseuses que celles des docteurs du deuxième dialogue" (B25 p. 161-162) : Febvre disait la même chose, on s'en souvient, quand ça l'arrangeait ! La "chanson de Ricochet" est "un raisonnement ou une pensée qui n'ont pas de conclusion", disait Budé, ou bien selon Rabelais, "sarcasmes, mocqueries et redictes contradictoires" (*Tiers Livre* chap. X) : tout cela qui entraîne et enchaîne le "flux" sans fin des paroles vides (*cf.* G. Massignon, "C'est la fable de Ricochet", in

Le francais moderne, 1964). L'allusion au thème central du CM est cette fois incontestable. Mais comment se taire, quand on a mangé de la langue d'Actéon ?

22 - On ne pouvait indiquer plus clairement en finissant le thème qui fait le lien des quatre dialogues. Mais on raterait la signification de cette "curiosité", si on la restreignait à une catégorie morale ou religieuse : elle est le principe ambigu de la connaissance à tous les niveaux et l'instrument de tous les pouvoirs à venir. Des Périers n'est pas le seul à s'en inquiéter : d'Erasme à Montaigne au moins, tout le siècle a résonné de cette interrogation, qui a traversé le temps et n'a cessé de secouer la "Cymbale du monde".

DOSSIER
ET TEXTES D'ACCOMPAGNEMENT

REPÈRES BIOGRAPHIQUES

Nos certitudes sur la vie de Des Périers sont particulièrement rares. Les confidences de ses *Poésies* sont si allusives, que l'interprétation prête toujours à ambiguïté. Ses contemporains directs l'ont à peine mentionné. Nous nous en tiendrons ici aux données à peu près sûres.

Vers 1510[1]. Naissance de Jean Bonaventure Des Périers à Arnay-le-Duc, selon une tradition attestée par Tabourot des Accords ; "poète bourguignon", dira de lui Dolet (vid. Dossier). On ne sait rien de sa famille.

Vers 1530. Etudes à Autun, probablement, dans l'école relevant de l'Abbaye de Saint-Martin, dont Robert Hurault, ancien maître de philosophie de Marguerite de Navarre, conseiller au Parlement de Paris, était en 1529 devenu abbé[2]. Ce personnage influent, complexe, était ouvert à la Réforme : "homme de lettres, instruit de la religion et prenant plaisir à faire bonne chère à ceux qui le venaient visiter, et auxquels il parlait ouvertement de la vérité sans se mettre en danger pour cela, pour être non seulement supporté, mais aussi chéri et recherché par les plus gros de l'Eglise romaine, à cause de sa bonne et friande table"[3]. C'est lui, dira plus tard Des Périers,

Qui a esté et est mon precepteur ;
Qui m'a monstré quel est mon Redempteur ;
Qui m'a monstré rhythmes, grec et latin ;
Auquel j'allois le soir, et le matin
M'en retournois faire aux enfans lecture

(B 3 t. I p. 150)

Bonaventure donne des lecons à de jeunes élèves de la ville.

1 Selon la juste estimation de Chenevière (B10 p. 6, 17). La tradition faisait remonter sa naissance à l'année 1490.

2 Il était également archidiacre d'Autun et neveu de Jacques Hurault, évêque de cette ville.

3 Au dire de Théodore de Bèze, cité par Chenevière (B10 p. 11).

1531-1534. Période “vagabonde”. Passe en Avignon, où rencontre Antoine du Moulin qui sera son ami et le futur éditeur de ses *Poésies*. Voyage possible à Montpellier.

1534. Affaire des “Placards”. Fuite, puis exil de Marot à Ferrare. Des Périers dut le connaître dès cette date.

1535. Dans la région de Neufchâtel, il participe à l'élaboration de la Bible de Pierre Robert, dit Olivétan (première traduction en français des deux Testaments pour la Réforme). Sous le nom latinisé d'Eutychus Deperius, il rédige avec un autre compagnon les “sommaires” (notes marginales qui résument cursivement le texte), ainsi que la “Table de l'interprétation des propres noms”. Il écrit quelques poèmes liminaires en latin pour cet ouvrage.

Le 16 juillet, il est peut-être du nombre de ceux qui sont arrêtés à Faverges, près d'Annecy, pour colportage du livre interdit.

A Lyon, il collabore aux *Commentaires de la langue latine* d'Etienne Dolet, qui paraîtront en mai 1536. Contact avec le “sodalitium lugdunense”, le milieu intellectuel lyonnais, très vivant ; il connaît Mellin de Sainct-Gellais, et d'autres dont il est impossible de préciser les noms.

1536. A Lyon, il est quelque temps chez une “première maîtresse”. Il rencontre Marguerite de Navarre au début de l'année, à l'occasion d'une manifestation religieuse. Période de “longue attente” dans l'espoir d'entrer au service de la reine. Il compose diverses pièces en vers pour elle, notamment la *Pronostication des pronostications* sous le pseudonyme de “maistre Sarcomoros, natif de Tartarie et secretaire du roy de Cathay” (pub. en 1537 chez Jehan Morin). Au début de l'été, il entre en fonction auprès de Marguerite, avec le titre de “Valet de chambre”, c'est-à-dire de secrétaire particulier et copiste. Il prend le parti de Marot dans sa querelle contre Sagon, comme le prouve en novembre le poème qu'il écrit *Pour Marot absent contre Sagon*.

1537. Des Périers est gravement malade. Il suit la reine dans ses déplacements. Entrevue de Marot et Sagon à Saint-Cloud sur l'ordre de Marguerite pour apaiser la querelle ; Des Périers est présent. Dans les derniers mois de l'année, publication du *Cymbalum Mundi* à Paris, chez le libraire Jehan Morin sans nom d'auteur.

1538. Peu avant le mois de mars, seconde édition du *Cymbalum* à Lyon par le libraire Benoist Bonyn[1]. Intervention vraisemblable des partisans de Sagon auprès du roi pour dénoncer l'ouvrage.

7 mars-19 juillet : procès contre Morin et le *Cymbalum*. L'éditeur est durement condamné, mais l'ouvrage n'est pas jugé hérétique par la Sorbonne. Le nom de l'auteur n'est pas divulgué, bien que Morin l'ait révélé à ses juges. Rien ne laisse supposer une brouille entre Marguerite et Des Périers à la suite de cette affaire. Echange poétique sur des thèmes amoureux avec Claude de Bectoz, abbesse du couvent de Saint-Honorat à Tarascon.

1539. 15 Mai : Des Périers est à Lyon pour la fête annuelle de l'Isle-Barbe. Il écrit le *Voyage de Lyon à Nostre-Dame-de-l'Isle* dédié au lieutenant du roi, Jean du Peyrat.

1541. octobre : il est toujours au service de Marguerite comme Valet de chambre (voir dossier texte n°5).

On ignore la date de la mort de Des Périers : en 1544, Antoine Du Moulin publie chez Jean de Tournes, à Lyon, le *Recueil des oeuvres de feu Bonaventure Des Périers*. Il n'existe donc plus à cette date. Henri Estienne, en 1566 dans son *Apologie pour Hérodote*, écrira qu'il s'est suicidé en se jetant sur son épée, témoignage tardif, né de la malveillance dont le CM a été entouré dès sa parution : le suicide est en effet le genre de mort qu'on imputait aux “athées”. L'origine de cette légende est peut-être à chercher dans l'histoire que Des Périers raconte lui-même dans la nouvelle LV de ses *Joyeux devis*, où le seigneur Vaudrey “voulant esprouver un collet de buffle qu'il avoit vestu, ou un jacque de maille, ne sçay lequel, fit planter une espée toute nue contre

---

1 Nous adoptons la chronologie fort plausible établie par L. Febvre (B19) : si cette seconde édition a précédé de peu les poursuites, tombe l'idée, jusque là admise et difficilement crédible, que Des Périers aurait bravé la condamnation des autorités parisiennes. La protection de Marguerite n'était pas sans limites, et il eût été fort maladroit de la provoquer à un moment où sa position à la Cour n'était pas sans faiblesse.

une muraille, la poincte devers luy, et se print à courir contre l'espée de telle roydeur qu'il se persa d'oultre en oultre" ; bien qu'il eût "l'ame de travers", le bonhomme n'était pas athée, et il n'en mourut point. (ed. Lacour, tome I p. 230). La version d'Estienne est contredite par la Lettre à Marguerite que Du Moulin a placée en tête du *Recueil des oeuvres*, comme le notait déjà en 1732 Prosper Marchand dans son édition.

En 1558 à Lyon, chez Granjon, paraîtront sous le nom de Des Périers les *Nouvelles Récréations et Joyeux devis*. Dès le XVIe siècle, la paternité lui en a été contestée sans preuve décisive.

LE PROCÈS DU CYMBALUM

Ces pièces ont déjà été publiées par P. P. Plan (B6) et par A. Lefranc (B25). Elles projettent sur le CM autant d'ombre que de lumière ; mais elles constituent un important témoignage sur la censure en cette première moitié du XVIe siècle. Nous les transcrivons ici sans les commenter ni les annoter. Nous plaçons entre crochets [] quelques explications indispensables à l'intelligence du texte.

1 - [Extrait du registre du Parlement de Paris à la date du 7 mars 1538, nouveau style] : "Jeudi VIIe jour de mars. M. Ve XXXVII. Manée. Ce jour, me[ssire] Pierre Lizet, premier president en la court de ceans, a dict à icelle que mardi dernier, sur le soir, il receut un pacquet où y avoit unes lettres du Roy et une du Chancellier, avec un petit livre en langue françoise intitulé : *Cymbalum mundi* et luy mandoit le Roy qu'il avoit faict veoir ledict livre et y trouvoit de grands abuz et heresies et que, à ceste cause, il eust à s'enquerir du compositeur et de l'imprimeur, pour l'en avertir, et après proceder à telle punition qu'il verroit estre à faire. Suivant lequel commandement il avoit fait telle diligence que, hier, il fit prendre ledict imprimeur, qui s'apeloit Jehan Morin, et estoit prisonnier, et avoit fait visiter sa bouticque, et avoit l'on trouvé plusieurs fols et erronez livres en icelle, venans d'Allemaigne, mesmes de Clement marot, que l'on voulloit faire imprimer. A dit aussi que aucuns theologiens l'avoient adverty qu'il y avoit de present en ceste ville plusieurs imprimeurs et libraires estrangiers, qui ne vendoient sinon livres de l'impression d'Allemaigne, contenans plusieurs habuz et erreurs, et aujourd'huy es Colleges on ne lisoit aux jeunes escoliers, sinon livres parmy lesquelz y avoit beaucoup d'erreurs et qu'il y failloit pourvoir promptement, estant certain que l'on feroit service à Dieu, bien à la chose publicque et service tres agreable au Roy, lequel luy escrivoit que l'on ne luy povoit faire service plus agreable que d'y donner prompte provision. Sur la matiere mise en deliberation. "

2 - [Requête de Jehan Morin au Chancelier Du Bourg, antérieure au 16 avril] : "A Monsieur le Chancellier. Supplie humblement, Jehan Morin, pauvre jeune garson, libraire de Paris, que comme ainsy soit qu'il aie par ignorance, et sans aucun vouloir de mal faire, ou meprendre, imprimé ung petit livre appellé Cymbalum mundi ; lequel livre seroit tumbé en scandale et reprehension de erreur, à cause de quoi ledict suppliant pource qu'il a imprimé auroit esté mis en prison à Paris, et à presant y seroit detenu en grande pauureté, et doumage à luy insuportable : qu'il vous plaise de votre benigne grace luy faire ce bien de luy octroier letres, et mander à Monseigneur le premier president de Paris et à Monsieur le Lieutenant criminel, que voulez bien qu'il soit relasché à caution de se represanter toutesfoys, et quantes que le commandement luy en sera faict : attendu que par sa deposition il a declaré l'auteur dudict livre, et que en ce cas il est du tout innocent, et qu'il n'y eust mis sa marque, ny son nom s'il y eust pensé aucun mal. Ce faisant ferez bien, et justice, et l'obbligerez à jamais prier Dieu pour votre prosperite et sante."

3 - [Lettre de Pierre Lizet au Chancelier Du Bourg] : Monseigneur, je vous ay voulu advertir que Jehan Morin libraire qui a faict imprimer le petit livre intitulé : Cymbalum mundi, pourquoy il a esté constitué prisonnier, suivant l'ordonnance du Roy, s'est trouvé depuis chargé d'avoir vendu à ung nommé Jehan de la Garde, aussi libraire, quatre petits livres, les plus blasphemes, heretiques et scandaleux que l'on scauroit point dire et contre le Sainct Sacrement de l'autel et toute la doctrine catholique, lesquels livres ont esté bruslez avec ledit de la Garde et aultres, executez, ces jours passez, à mort. Et parce que ledit Morin libraire est prisonnier, de l'ordonnance du Roy, vostre plaisir soit en parler audit Seigneur, à ce qu'il luy plaise me faire entendre, sur ce, son plaisir et commandement. Monseigneur, après m'estre humblement recommandé à vostre bonne grace, priray le benoist sauveur vous donner très bonne et très longue vie. De Paris, ce XVIe avril. Vostre plus humble serviteur, Pierre Lizet.

4 - [Le 10 juin, un arrêt du Parlement condamne Morin qui fait appel. Le 17 juin, le Parlement rend cette sentence] : Veu par la court

le proces faict par le prevost de Paris alencontre de Jehan Morin prisonnier de la conciergerie du Palais de Paris, appelant de la sentence contre luy donnée par led. prevost ou son lieutenant, par laquelle et pour la raison de ce qu'il auroit baillé, vendu et delivré aulcuns livres contenans plusieurs erreurs et scandales et faict imprimer en sa maison ung livre intitulé Cymbalum mundi auquel y a, comme l'on dict, aulcuns erreurs et paroles scandaleuses contre la foy catholique comme plus à plein est declaré oudit proces, il auroit esté condemné à estre mené en ung tombereau devant l'eglise nostre dame de Paris et illec faire amende honorable, nue teste et à genoulx, tenant en ses mains une torche de cire ardant et requerir mercy et pardon à Dieu, au roy et à justice, et les meschans livres qui seroient trouvés en sa possession bruslés en sa presence. Ce faict, estre battu nud de verges par les carrefours de ceste ville de Paris, aiant la corde au col, tourné au pilory, banny à tousjours de ce roiaume, et ses biens declairés confisqués au roy. Et oy et interrogé par lad. court icelluy prisonnier sur sa cause d'appel et tout consideré, il sera dit que avant de proceder au jugement dud. proces lad. court a ordonné et ordonne led. livre intitulé Cymbalum mundi estre monstré et communiqué à la faculté de theologie pour sçavoir si en icelluy y a aulcuns erreurs et heresies ; et aussi sera informé super vita et moribus dud. prisonnier pour ce faict et le tout veu par lad. court estre procedé au jugement dud. procès ainsi que de raison. Et cependant led. prisonnier sera mis en lieu seur et il sera advisé pour le mieulx à ce que cependant il se puisse faire penser et medicamenter de la maladie à luy survenue. XVIIe jun. V^{e} xxxviiie. Lesueur rap. A. Lesueur. F. de Sainct André.

5 - [Conclusion de la Faculté de théologie, réunie le 19 juillet ; résumé de Du Plessis d'Argentré dans sa *Collectio Judiciorum*] : Anno domini millesimo quingentesimo octavo, die decima nona mensis Julii, congregata Facultate apud Collegium Sorbonae super libro intitulato : Cymbalum mundi, misso ad Facultatem per Curiam Parlamenti, auditis deliberationibus magistrorum nostrorum, conclusum fuit quod, quamvis liber non continet errores expressos in Fide, tamen quia perniciosus est, ideo supprimandus. (En l'an du

seigneur mille cinq cent [trente] huit, le 19 du mois de juillet, la Faculté s'étant réunie au Collège de la Sorbonne à propos du livre intitulé *Cymbalum Mundi* que la Cour du Parlement avait adressé à la Faculté, après avoir entendu les délibérations de nos maîtres, la conclusion fut celle-ci : bien que le livre ne contienne pas d'erreurs explicites contre la Foi, toutefois, parce qu'il est subversif, il faut le supprimer).

A. Chenevière (B10) mentionne sans le citer un arrêt du Parlement en date du 19 mai, qui ordonnait la destruction du CM. Ce texte n'a pas été retrouvé.

Ces pièces suscitent au moins deux questions : 1) Pourquoi le nom de l'auteur du CM, que Morin avait avoué, n'a-t-il jamais été prononcé, au point qu'aucune poursuite ne fut lancée contre lui ? A-t-il obtenu des protections particulièrement efficaces ? 2) Pourquoi les théologiens de la Sorbonne ont-ils rendu un arrêt apparemment si clément, allant jusqu'à infirmer le jugement du roi ? “Il n'y a pas d'hérésies non plus dans *Candide* “, écrivait A. Lefranc (B25 p. 363), ce qui ne rendait pas l'ouvrage moins “perniciosus”.

TEXTES CONCERNANT DES PERIERS

Nous donnons à lire tous les textes du XVIe siècle qui parlent soit de Des Périers soit du CM. Le parti pris hostile à sa personne et à son oeuvre y ont pris naissance ; il durera au siècle suivant qui fera tout pour l'oublier. Bien qu'il l'ait redécouvert, le XVIIIe ne voit pas dans le CM une oeuvre subversive contrairement au XIXe, grâce à Nodier.

Notre dette va à L. Sozzi (B35 pp. 55 sq) et à Boerner (B9).

1 - [Olivétan, Préface de la traduction de la *Bible* (1537)] : "Dont pour la plus part du temps nostre loyal frere et bon amy Eutychus Deperius a adressé les sommaires, auquel aussi ay totallement remis la table de l'interpretation des propres noms que pareillement tu desirois, pour l'utilité publicque : affin que tout fust expliqué".

2 - [Etienne Dolet, *Commentarii linguae latinae* II col. 535 (1537)] : "Ad quam carminis scribendi scientiam insignis tibi proposita sunt exempla (nostrae aetatis Poetas hic solum recenseo) in Italia Hieronymus Vida, Jacobus Sannazarius : in Gallia Salmonius Macrinus, Nicolaus Borbonius, Joannes Vulteius, Ioannes Eutychus Deperius Heduus : cujus opera, fideli ea quidem, et accurata in primo Commentariorum nostrorum Tomo describendo usi sumus". [Concernant cette science dans l'art de la poésie, de remarquables exemples t'ont été proposés. Je m'en tiens aux poètes de notre temps : en Italie, Jérôme Vida, Jacob Sannazar ; en Gaule, Salmon Macrin, Nicolas Bourbon, Jean Visagier, Jean Bonaventure Des Périers, bourguigon, dont nous avons utilisé l'aide fidèle et plus encore scrupuleuse pour écrire le premier tome de nos *Commentaires*].

3 - [Dans les textes de la polémique avec Sagon, Des Périers est mentionné huit fois, preuve que "Bonaventure occupait dans la querelle une place de premier plan" (Sozzi B35 p. 57).]

4 - [Résumé d'une lettre du 31 juillet 1538 envoyée de Genève par André Zébédée, pasteur, à Charles de Candeley, conseiller au Parlement de Bordeaux] : "L'article suivant dit que France est par grans espritz

tirée à l'enseigne de Epicure et que celluy qui a faict Cymbalum Mundi ne tendit jamais à aultre chose. Lequel (ce dit) estoit sorty de eulx et avoit esté clerc de Olivetain à mettre la bible en françoys. ".

5 - [Livre de dépenses de Marguerite de Navarre] : "Le XVIIIe jour du mois d'octobre [1541] fut depesché ung mandement adressant au receveur d'Alençon et du Perche, maistre Guillaume Alboust, pour mectre ès mains de Bonaventure des Périers la somme à quoy se pourra monter le rachapt des roy et reine de navarre par le decès de feu Jean Peigné [...]. Le dernier dudit mois d'octobre, dépesché à Dijon un mandement adressant au tresorier et receveur general d'Alençon maistre Mathurin Javelle pour payer les deniers de sa charge de ceste année, finissant le jour de decembre venant, à Bonaventure des Périers, la somme de 110 livres tournoys à luy ordonnée par la dicte dame pour ses gaiges de valet de chambre durant la dite année en laquelle il a esté obmis estre couché dans l'estat".

6 - [Antoine Du Moulin, dédicace à Marguerite de Navarre du *Recueil des oeuvres* de Des Périers, "ce dernier jour d'aoust 1544"] : "Ayant ouy plusieurs fois dire à Bonaventure Des Périers, peu de moys avant son trespas, que son intention estoit que vous, très illustre Royne, fussiez heritière des siens petitz labeurs [...] ; mais estant advenu en la personne dudit Bonaventure l'effaict du proverbe commun qui dit que l'homme propose et Dieu dispose, Mort implacable, implacable Mort l'a surpris au cours de sa bonne intention. Il n'a donques peu veoir l'effaict de ses ardens voeux accomply [...]. Et quant à moy, de tant que j'ay esté de ses plus intimes et familiers amys [...], je suis presentement forcé pour ma consolation, et de ceulx qui ont esté ses amys, de mettre en lumière ses elegans et beaulx escriptz [...] Recevez doncques, très illustre Royne, la belle presente hoirie telle qu'elle est, et ne prenez garde si elle n'y est toute entiere ; puisque ce n'est pas le larcin d'autre que de l'envieuse Mort, qui encores taschoit (si je ne fússe) d'ensevelir en eternel oubly les oeuvres avec le corps. car j'espere qu'à vostre faveur nous recouvrerons partie de ces nobles reliques, desquelles aussi (à ce que j'ay ouy dire au deffunct) avez bonne quantité rière vous ; et partie en y ha d'un mien congneu à Montpellier".

7 - [G. Postel, *Alcorani seu Mahometi Legis*, 1543] : "Facit fidem impie vivendi et more brutorum quicquid collibitum est sequendi omnium consuetudo, non paucorum etiam publica impietatis professio, id arguit nefarius tractatus Villanovani de tribus prophetis, Cymbalum Mundi, Pantagruellus et Novae insulae quorum authores olim erant Cenevangelistarum antesignani. " ["C'est une habitude générale de convaincre les hommes qu'il faut vivre dans l'impiété, et, de même que les brutes, se laisser aller à ce qui est défendu. Quelques uns même ont fait de leur impiété une profession publique. Je n'en veux d'autre preuve que le détestable *Traité des Trois Prophètes de Villanovanus*, le *Cymbalum Mundi*, le *Pantagruel* et les *Nouvelles Isles* dont les auteurs étaient autrefois les chefs du parti luthérien (cénévangélistes). Trad. Chenevière].

8 - [Calvin, *Traité des Scandales*, 1550] : "Chacun sait qu'Agrippa, Villeneuve, Dolet et leurs semblables ont toujours orgueilleusement contemné l'Evangile [...] Les autres comme Rabelais, Desgovea, Desperius et beaucoup d'autres, que je ne nomme pas pour le présent, après avoir gousté de l'Evangile, ont esté frappez du mesme aveuglement. Comment cela est-il advenu, si non que desjà ils avoient par leur outrecuidance diabolique profané ce gage sainct et sacré de la vie éternelle".

8 - [Guillaume Farel, *Le glaive de la parolle veritable*, Genève 155o. Défense de Calvin attaqué par un moine, auteur d'un *Bouclier de défense* : "Qu'il monstre comment sainct Paul a ainsi transfiguré l'Escriture par folles allegories comme sont celles de ce Moyne : et que Jesus aussi ait ainsi usé de folles allegories. Je crain fort, qu'en la teste de ce povre miserable, non seulement y ait des erreurs des libertins, mais aussi du tresmechant Deperius, et des Atheistes, puis qu'il parle ainsi".

9 - [Henri Estienne, *Apologie pour Hérodote*, 1556] : "Qui est donc celuy qui ne sçait que nostre siecle a faict revivre un Lucien en un François Rabelais, en matière d'escrits brocardans toute sorte de religion ? Qui ne sçait quel contempteur et mocqueur de Dieu a esté Bonaventure Des Périers, et quels tesmoignages il en a rendu par ses

livres ? Scavons-nous pas que le but de ceux-ci et de leurs compagnons a esté, en faisant semblant de ne tendre qu'à chasser la mélancholie des esprits et leur donner du passetemps, [...] venir après à jetter aussi bien des pierres en nostre jardin, comm'on dit en commun proverbe ? C'est à dire donner des coups de bec à la vraye religion Chrestienne ? "(Ed. 1879, t. I. p. 189-191).

"Je n'oublieray pas Bonaventure Des Périers, l'auteur du detestable livre intitulé Cymbalum Mundi, qui, nonobstant la peine qu'on prenoit à le garder (à cause qu'on le voyoit estre desesperé, et en deliberation de se deffaire), fut trouvé s'estant tellement enferré de son espée, sur laquelle il s'estoit jetté, l'ayant appuyée le pommeau contre terre, que la pointe entrée par l'estomach sortoit par l'eschine" (*ibid.* p. 403).

11 - [Etienne Tabourot des Accords, *Les Bigarrures* (1582)] "Bonaventure des Périers Arnay le Duchois s'en est voulu servir [des vers léonins] en la traduction de quelques vers d'Horace" [ed. de 1588 p. 166-167].

12 - [Etienne Pasquier, *Lettres*, VIII, 12, à Tabourot des Accords, après la parution de ses *Bigarrures*] : "Du Perier est celuy qui les a composées [les *Facéties*, que Tabourot attribuait à Pelletier du Mans ; il s'agit en fait des *Contes*], et encores un autre livre intitulé Cymbalum mundi : qui est un Lucianisme, qui merite d'estre jetté au feu avec l'autheur s'il estoit vivant".

13 - [La Croix du Maine, *La Bibliothèque francoyse*, 1584] : "Il est l'Auteur d'un livre détestable, et rempli d'impieté, intitulé Cymbalum Mundi, ou Clochette du Monde, écrit premierement en Latin par icelui des Périers, et depuis traduit par luy mesme en Françoys, sous le nom de Thomas du Clevier".

14 - [Antoine Du Verdier, *La Bibliographie*, 1585] : "Je n'ay trouvé autre chose en ce livre qui mérite d'avoir esté plus censuré que la Métamorphose d'Ovide, les dialogues de Lucian, et les livres de folastre Argument et fictions fabuleuses".

15 - [Inscription manuscrite sur la page de titre de l'exemplaire conservé à la Bibliothèque nationale] : "Delestoille [à l'encre rouge].

L'aucteur Bonadv(enture) des Périers homme meschant et (athée) comme il ap(parait) par ce dete(sta)ble livre. [d'une autre main ?] Telle vie, telle fin. Avéré par la mort de ce miserable indigne de porter le nom d'homme. " [Boerner pense que toute cette annotation est bien de Pierre de l'Estoile (1540 ou 1546-1611), le mémorialiste].

Au siècle suivant, le CM fait partie, avec le *Livre des trois imposteurs*, des ouvrages maudits par l'orthodoxie catholique, et de ce fait il tombe dans un quasi oubli, surtout que le texte est introuvable. Le Père Mersenne, qui avait pu lire l'exemplaire que les frères Dupuy avaient hérité de la Bibliothèque de Thou, a repris contre lui l'attaque d'Estienne : "Longtemps avant, il y eut le *Cymbalum Mundi* que Bonaventure Des Pérez, le plus impie des vauriens traduisit en francais : il ne fallait pas que la France manquât d'un monstre. Presque tout le monde affirme qu'il fut athée : c'est pourquoi en tête du *Cymbalum* on n'a pas manqué d'écrire par dérision : "le non-sage a dit dans son coeur : il n'y a pas de Dieu", et de blâmer la totale impiété de sa vie et de sa mort" (*Quaestiones in Genesim* 1623 p. 669).

Mais dans les milieux réformés de Hollande, où l'on avait sans doute oublié le jugement de Calvin, on aurait aimé que le CM ne fût qu'une facétie lucianiste contre les catholiques. Gisbertus Voetius, professeur à l'Université d'Utrecht répondait longuement à Estienne et Mersenne (*Selectarum disputationum theologicarum*, 1648, pars prima p. 199-200) : "Si [Des Périers] rejette vraiment ce que les saintes écritures nous ont révélé sur Dieu, nous souscrivons entièrement au jugement de Mersenne ; mais s'il rejette seulement les fables sur le purgatoires et d'autres inventions humaines, alors il n'est sûrement pas coupable d'athéisme". Mais ce même Voetius soulignait l'ambiguïté du lucianisme, qui sert aussi bien à instiller l'athéisme qu'à éviter les poursuites de la censure.

Cette appréciation ambiguë était du goût de Bayle : "Les réflexions de ce professeur de Théologie sont très raisonnables", écrivait-il dans son *Dictionnaire Historique et critique* (1697) III art. "Périers", et il concluait : "Rabelais doit être considéré comme un copiste de Lucien, & je pense qu'il faut dire la même chose de Des Périers ; car je trouve que les protestants ne sont pas moins en colère contre le *Cymbalum mundi*, que les Catholiques" ; ce qui ne lavait pas l'ouvrage de tout soupçon, car aux yeux de Bayle, l'humeur satirique de Lucien était purement négatrice : "Il n'a point témoigné moins d'indifférence ou moins d'aversion, pour la vérité que pour le mensonge".

La première réédition du CM, due à Prosper Marchand en 1711, sera suivie de trois autres en 1732, 1740 et 1753 accompagnées des remarques de La Monnoye. Marchand reprenait à Du Verdier son appréciation lénifiante du CM : ce n'était qu'un badinage facétieux à la mode lucianesque. Le texte y perdait en notoriété comme en scandale ; ce dont temoigne Voltaire dans ses *Lettres à S. A. Mgr le Prince de*** sur Rabelais et sur d'autres auteurs accusés d'avoir mal parlé de la religion chrétienne* (1767) : "Des Périers voulut faire en latin quelques dialogues dans le goût de Lucien : il composa quatre dialogues trés-insipides sur les prédictions, sur la pierre philosophale, sur un cheval qui parle, sur les chiens d'Actéon. Il n'y a pas assurément, dans tout ce fatras de plat écolier, un seul mot qui ait le moindre et le plus éloigné rapport aux choses que nous devons révérer". Voltaire avait-il lu le CM ? Il lui importait de dénoncer l'acte de fanatisme dont le livret avait été l'objet : après la réédition de P. Marchand, ajoutait-il, "le voile fut tiré : on ne cria plus à l'impiété, à l'athéisme ; on cria à l'ennui, et on n'en parla plus".

Il faudra attendre, au XIXe siècle, l'article de Nodier dans la *Revue de Paris* (1831), repris en 1841 dans l'édition des *Contes et Nouvelles récréations* par P. -L. Jacob, pour que le CM retrouve son odeur sulfureuse. Nodier réhabilitait Des Périers pour deux raisons : l'une était la qualité de sa langue : "Je me rangerai volontiers du côté de ceux qui regarderont Bonaventure Des Périers comme le talent le plus naïf, le plus original et le plus piquant de son époque" (p. 2) : l'autre était l'audace de sa pensée, et Nodier concluait ainsi son analyse des quatre dialogues : "Il est donc trop prouvé aujourd'hui que l'ouvrage de Des Périers méritait réellement le reproche d'impiété qui lui a été adressé par son siècle, et qu'il s'était bien attiré des persécutions que rien ne justifie d'ailleurs, car rien ne peut justifier la persécution"

(p. 21). La querelle était relancée, Des Périers était-il ou non "athée" ? Pourtant Nodier avait l'honnêteté et l'humilité (même s'il essayait à son tour de tracer sa biographie) de déclarer : "la seule chose que nous sachions positivement de lui, c'est son nom" (p. 2).

TEXTES D'ACCOMPAGNEMENT

Les textes que nous présentons ci-dessous ne constituent en rien ce qu'on pourrait être tenté d'appeler les "sources" du CM. Fait rare pour cette époque, aucun des rapprochements effectués avec des modèles supposés n'est vraiment concluant. Lucien Febvre (B1), par exemple, avait pensé que le CM tirait son origine du *Contra Celsum* d'Origène, mais cette hypothèse n'a convaincu personne. Il est certain cependant qu'il prend place dans un champ ou dans un espace, comme on voudra, balisé, traversé par d'autres textes avec lesquels on relève des parentés de détail, mais où la question radicale des fondements de la parole n'est jamais abordée.

I - La manière de Lucien

1 - Le CM rappelle à l'évidence les dialogues de Lucien, le philosophe grec du IIe siècle après J. C., qui fut au XVIe siècle le modèle des railleurs "athéistes" ; mais il ne semble pas lui avoir emprunté autre chose qu'une certaine liberté de ton et l'idée de quelques situations. On en jugera d'après ces passages ; nous les citons dans la traduction d'Emile Chambry, Garnier 1933-34, 3 tomes.

Dialogue des dieux (XXIV) (tome 1 p. 149-150) [Hermès-Mercure en commissionnaire débordé] :

Hermès. Y a-t-il vraiment dans le ciel un dieu plus malheureux que moi, ma mère ?

Maïa. Garde-toi, Hermès, de tenir de tels propos.

Hermès. Pourquoi m'en garderais-je, lorsque j'ai tant d'affaires sur les bras, que je suis seul à peiner et que je suis tiraillé entre tant de fonctions ! Dès le point du jour, il faut que je me lève pour balayer la salle du festin, mettre des housses aux lits de table, arranger chaque chose, puis me tenir à la disposition de Zeus et porter ses messages en courant tout le jour par monts et par vaux et, à peine de retour, encore couvert de poussière, servir l'ambroisie. Avant l'arrivée de cet échanson dont il a fait récemment emplette, c'est moi qui versais aussi le nectar. Mais ce qu'il y a de plus terrible, c'est que, seul de tous les dieux, je ne dors même pas la nuit ; même alors, il faut que je conduise les âmes à Pluton, que je guide les morts et que je me tienne près du tribunal. Ce n'est pas assez pour moi de travailler le jour, d'être dans les palestres, de faire office de héraut dans les assemblées, de donner des leçons aux orateurs : il faut encore que je prenne part à l'administration de tout ce qui concerne les morts.

Cependant les enfants de Léda passent chacun un jour dans le ciel et chez Hadès ; moi, c'est chaque jour qu'il faut que je travaille au ciel et aux enfers. Les enfants d'Alcmène et de Sémélé, nés de misérables mortelles, banquettent sans souci, et moi, fils de Maïa, fille d'Atlas, je leur sers de domestique. A présent, je viens d'arriver de Sidon, de chez la fille de Cadmos, où il m'a envoyé pour voir ce que faisait la chère enfant. Aussitôt, sans même me laisser respirer, il m'envoie derechef à Argos pour voir Danaé, "puis de là, dit-il, rends toi en Béotie et vois Antiopè en passant. " Bref j'en ai assez, et, si c'était possible, je m'estimerais heureux d'être vendu comme les malheureux esclaves de la terre.

Maïa. Laisse-là ces récriminations, mon enfant ; tu es jeune, tu dois servir ton père. Et maintenant cours à Argos où l'on t'envoie, puis en Béotie, de peur qu'en tardant plus longtemps tu ne reçoives des coups ; car les amoureux se mettent vite en colère.

L'Eunuque (tome 2 p. 190-191) [la dispute des philosophes] :

Pamphilos D'où viens-tu, Lykinos, et de quoi ris-tu ? Je sais bien que tu es toujours gai ; mais tu l'es ce me semble, plus qu'à l'ordinaire, puisque tu ne peux même pas t'arrêter de rire.

Lykinos : Je viens de la place publique, Pamphilos, et je vais tout de suite te faire partager ma gaîté, en te disant à quel procès je viens d'assister. Il s'agit de philosophes qui se disputaient entre eux.

Pamp. C'est déjà quelque chose de vraiment risible que de voir des philosophes s'intenter un procès, eux qui devraient, quelque importants que fussent leurs griefs, arranger leurs différends à l'amiable.

Lyk. A l'amiable, Pamphilos ! eux qui, dès la première attaque, ont répandu l'un sur l'autre de pleines charretées d'injures, en vociférant et se démenant comme des diables.

Pamp. Etait-ce, Lykinos, sur leurs doctrines qu'ils disputaient, comme à l'ordinaire, étant de sectes différentes ?

Lyk. Pas du tout ; il s'agissait de tout autre chose ; car tous les deux étaient de la même opinion et de la même secte. Cependant ils avaient engagé un procès dont le jugement était remis aux suffrages des gens les plus distingués, les plus âgés et les plus savants de la cité, devant lesquels on rougirait de prononcer une parole déplacée, loin d'en venir à cet excès d'impudence.

Pamp. Dis-moi le sujet du procès, pour que je sache à mon tour ce qui te fait faire de si grands éclats de rire.

Lvk. Tu sais que l'empereur a décidé d'allouer à toutes les écoles de philosophie, c'est-à-dire aux stoiciens, aux platoniciens, aux épicuriens et aux péripatéticiens aussi, une somme assez coquette, égale pour tous. Or l'un d'eux étant mort, il s'agissait de le remplacer par un autre, dont le choix fût approuvé par le suffrage des notables. Et le prix du combat n'était pas comme chez le poète une peau de boeuf ni une victime, mais dix mille drachmes par an, à condition d'enseigner la jeunesse.

[...]

Lyk. Quand ils ont été fatigués de s'injurier et de s'éplucher l'un l'autre, Dioclès a fini par s'écrier qu'il était absolument interdit à Bagoas d'avoir part à la philosophie et aux prix qui y sont attachés, attendu qu'il était eunuque. Il a prétendu que ces sortes de gens doivent être exclus, non seulement de la philosophie, mais des sacrifices, des lustrations et de toutes les réunions. C'est, a-t-il déclaré, un présage mauvais, une rencontre funeste de tomber sur un être pareil en sortant le matin de chez soi. Et il s'est étendu sur ce point, disant qu'un eunuque n'est ni homme ni femme, mais une créature composée, mélangée, monstrueuse, étrangère à la nature humaine. [...]

Zeus tragédien (tome 2 p. 366-7) [l'empire des dieux menacé] :
[...]

Héra. Eh bien, quel autre motif as-tu de te chagriner, toi, Zeus ?

Zeus. Les affaires des dieux sont exposées aux derniers dangers et sont, comme on dit, sur le tranchant du rasoir. Il s'agit de savoir si nous devons continuer à être adorés et garder les honneurs qu'on nous rend sur la terre, ou bien d'être entièrement négligés et compter pour zéro.

Héra. Eh quoi ! la terre a-t-elle de nouveau enfanté des géants ou bien les Titans ont-ils rompu leurs fers, maîtrisé leur garde et prennent-ils une seconde fois les armes contre nous ? [...]

Zeus. Hier, Héra, le stoïcien Timoclès et l'épicurien Damis, sans que je sache d'où est venue leur dispute, ont discuté sur la Providence, devant une assemblée nombreuse et distinguée, ce qui m'a contrarié au plus haut point. Damis soutenait qu'il n'existe absolument pas de dieux et qu'ils ne surveillent ni ne dirigent les événements. Le brave Timoclès s'évertuait au contraire à nous défendre. Bientôt après, la foule est accourue de tous côtés. Cependant la discussion ne fut pas poussée jusqu'au bout. Ils se sont séparés après être convenus de la reprendre et de l'achever, et aujourd'hui tous les esprits sont en suspens et impatients de les entendre pour savoir quel sera le vainqueur et paraîtra raisonner le plus juste. Vous voyez le danger, dans quelle impasse nous sommes acculés, risquant tout sur un seul homme. De deux choses l'une : il faut, ou bien que nous soyons mis de côté, si l'on juge que nous ne sommes que des noms, ou que nous soyons honorés comme par le passé, si Timoclès a le dessus dans la discussion.

[Tous les dieux se rassemblent autour de Zeus pour assister au débat entre les deux philosophes. Damis, l'épicurien, a facilement raison des piètres arguments de Timoclès, et l'affaire se conclut ainsi, p. 398 :]

Zeus. O dieux, l'un s'en va en riant et l'autre le suit en l'accablant d'injures, car il ne peut souffrir d'être nargué par Damis et il semble prêt à lui lancer son tesson à la tête. Mais nous, qu'allons-nous faire après cela ?

Hermès. Voici un mot du poète comique qui me paraît fort juste : "Tu n'as pas souffert de mal, si tu ne l'avoues pas". Est-ce donc un si grand malheur que quelques hommes se retirent gagnés à l'opinion de Damis ? Il y en a beaucoup plus qui pensent le contraire, non seulement la populace hellénique, mais encore tous les barbares.

Zeus. Il est vrai, Hermès ; mais ce que Darius a dit de Zopyre est fort juste, et j'aimerais mieux, moi aussi, avoir pour allié le seul Damis que de posséder dix mille Babylones.

Le songe ou le coq (vol. 2 p. 400-401) [les animaux qui parlent] :

Micylle. O Zeus, dieu des miracles, ô Héraclès qui écartes le malheur quel est ce prodige inattendu ? Mon coq a parlé comme un homme.

Alectryon [c'est le nom du coq]. Eh quoi ! tu tiens pour un prodige le fait que je parle comme vous autres hommes ?

Micylle. Comment pourrais-je m'en empêcher ? o dieux, détournez de nous ce présage funeste.

Alektryon. Je vois, Micylle, que tu es totalement ignorant et que tu n'as même pas lu les poèmes d'Homère, où Xanthos, le cheval d'Achille, renonçant au hennissement, s'arrête au milieu de la bataille pour causer et réciter des vers entiers, et non de la prose comme je le fais à présent. Ce cheval-là vaticinait même et prédisait l'avenir, et il ne paraissait pas qu'il fît quelque chose d'extraordinaire, et celui qui l'entendait n'invoquait pas comme toi le dieu qui détourne les maux, dans la pensée que c'était un sinistre présage. Qu'aurais-tu donc fait si la quille du navire Argo t'avait parlé, comme elle le fit jadis, ou si le chêne de Dodone, de sa propre voix, t'avait rendu un oracle, ou si tu avais vu des peaux ramper et des chairs de boeuf mugir à demi rôties sur des bûches ? Pour moi, qui suis le compagnon d'Hermès, le plus bavard et le plus éloquent de tous les dieux, et qui d'ailleurs partage votre régime et votre vie, je ne devais pas avoir beaucoup de peine à apprendre le langage des hommes. Si tu me promettais de garder le secret, je n'hésiterais pas à te dire la vraie cause qui fait que je sais votre langage et d'où vient que je puis parler comme je fais.

Micylle. Eh quoi ! n'est-ce pas un songe d'entendre un coq causer ainsi avec moi ? Au nom d'Hermès, dis-moi donc excellent coq, d'où te vient l'usage de la parole. Je garderai le silence et ne dirai rien à personne ; là-dessus, tu n'as rien à craindre. Qui, en effet, voudrait croire que j'ai entendu un coq parler ?

Alektryon. Ecoute-moi donc, et tu seras, j'en suis sûr, au comble de l'étonnement. Ce coq que tu vois à present était, il n'y a pas longtemps, un homme.

On pourrait citer d'autres textes de Lucien, notamment le *Cataplus*, l' *Icaroménippe*, l' *Hermotimus* (voir C. A. Mayer B21 et C. Lauvergnat-Gagnière B18). Mais chaque fois, c'est la situation du discours plus que son contenu qui fait songer à de Des Périers.

II - La manière d'Erasme

Il se pourrait que la fable qui fait le second Dialogue du CM ait été empruntée à la Préface qu'Erasme mettait en tête de ses “Annotationes” au *Novum Instrumentum* : non sans ironie, il louait les nouveaux théologiens-philologues comme lui d'avoir par leur “travail aplani la route qu'autrefois les bosses et les fondrières rendaient difficiles ; maintenant les grands théologiens s'y déplaceront plus confortablement avec leurs chars et leurs mules. C'est nous qui avons égalisé le sol du cirque, où à l'avenir ils donneront sans offense le merveilleux spectacle de leur sagesse” (Voir nos *Préfaces au N. I*, p. 163). Il ne fait guère de doute, je l'ai déjà dit, que le CM est d'inspiration érasmienne : j'en conviens avec P. H. Nurse, pour qui les parentés avec l' *Eloge de la folie* sont telles que la «hardiesse» du CM lui paraît nulle (B29 p. 64). Pourtant aucun des rapprochements qu'il signale n'est littéral, tous relèvent de l'interprétation. Les *Colloques*, eux aussi inspirés de la veine lucianesque, ont de secrètes affinités avec le CM. Mais les thèmes abordés n'ont jamais l'acidité de Lucien ou de Des Périers : Erasme est d'abord un moraliste chrétien, dont la verve est tempérée par le souci d'approcher la Vérité. Les *Colloques* viennent d'être retraduits par Etienne Wolff (Imprimerie Nationale, 1992, 2 vol.). J'emprunte à cette édition l'essentiel de sa traduction, non sans la modifier à l'occasion.

Les Hôtelleries (vol. 1 p. 277) [Lyon, ville accueillante] :

Bertolphe. Pourquoi la plupart des voyageurs ont-ils pris l'habitude de s'arrêter deux ou trois jours à Lyon ? Moi, une fois en route, je ne prends pas de repos avant d'être arrivé à destination.

Guillaume. Et moi au contraire, je m'étonne qu'on puisse quitter cette ville.

Bert. Pourquoi donc ?

Guil. Parce c'est un endroit d'où n'auraient pu s'arracher les compagnons d'Ulysse, car des sirènes y vivent. Personne n'est mieux traité chez lui que là-bas dans une auberge.

Bert. Comment cela ?

Guil. Il y avait toujours à table quelque dame pour égayer le repas de ses plaisanteries et de ses bons mots. Ici, c'est un vrai bonheur de beautés. Tout d'abord se présentait la patronne, qui, après nous avoir salué, nous invitait à manifester de la bonne humeur et à faire aux plats le meilleur accueil. Elle cédait la place à sa fille, personne charmante, dont les propos et le caractère enjoué auraient déridé Caton lui-même. Ajoutez qu'elles vous parlaient non comme à des étrangers, mais comme à de vieilles connaissance ou à des amis.

Bert. Je reconnais-bien là le savoir-vivre de la nation francaise [...]

Capnion (sur la mort de Jean Reuchlin) (vol. 1 p. 191-2) [l'appétit de nouvelles] :

Pompile. D'où nous viens-tu avec ce chapeau de voyage ?

Brassican. De Tubingue.

Pomp. Rien de neuf, là-bas ?

Bras. Vrai, je m'étonne de voir à quel point tous les mortels sont assoiffés de nouvelles. Moi, à Louvain, j'ai entendu un chameau de carme[1] prêcher qu'il fallait fuir toute nouveauté.

Pomp. Discours digne d'un chameau ! L'homme, si c'en était un, mériterait de ne jamais changer ses vieux souliers ni son caleçon fétide, de ne manger qu'oeufs pourris, et de ne rien boire que piquette.

---

1 Erasme écrit *camelus* (chameau), mais entend qu'on comprenne *carmelus*, le carme.

Bras. Mais lui, sache-le bien, ne pousse pas le goût de l'ancien jusqu'à préférer le "jus"[1] d'hier à celui d'aujourd'hui.

Pomp. Laissons là ce chameau, et dis-moi les nouvelles que tu apportes.

Bras. J'en apporte une, mais, comme disait l'autre, mauvaise.

Pom. Elle aussi vieillira un jour. Mais si toutes les vieilles choses sont bonnes, et les nouvelles mauvaises, il s'ensuit que tout ce qui est bon aujourd'hui fut autrefois mauvais, et que tout ce qui est aujourd'hui mauvais sera bon un jour.

Bras. C'est aussi l'avis du chameau. Mieux, il s'ensuit qu'un jeune homme qui fut un méchant drôle parce que jeune, est aujourd'hui un bon garçon parce qu'il a vieilli.

L'amoureux de la gloire (vol. II p. 299-300) [faire parler de soi] : [...]

Philodoxe. J'ai honte de mon obscurité, je voudrais devenir célèbre. Indique-m'en le chemin.

Symbule. Voici le plus court. Imite Erostrate, qui incendia le temple de Diane, ou Zoïle, son émule, le détracteur d'Homère, ou bien signale-toi par quelque forfait mémorable, et tu seras illustre comme les Cercopes et les Nérons.

Phil. A d'autres la célébrité par le crime ! Moi, j'ambitionne une renommée honorable.

Symb. Alors deviens tel que tu souhaites qu'on te croie

Phil. Mais beaucoup, malgré leur vertu exceptionnelle, n'ont pas réussi à rendre leur nom fameux !

Symb. Est-ce vrai ? je ne sais. Et quand bien même il en serait comme tu dis, la vertu est par elle-même sa large récompense.

Phil. Tu parles d'or et en vrai philosophe. Toutefois, au train où vont les choses humaines, la gloire me paraît constituer le principal ornement de la vertu : elle aime à être reconnue comme le soleil à luire, ne serait-ce que pour aider le plus de gens possible et les inviter

---

1 Le mot latin *jus* a deux sens, le droit, et notre jus.

à l'imiter elle-même. Enfin je ne vois quel héritage plus éclatant des parents pourraient laisser à leurs enfants que la mémoire immortelle d'un nom honoré.

Symb. A ce que je vois, tu ambitionnes une gloire fondée sur le mérite.

Phil. Exactement !

Symb. Prends donc pour modèles ceux que la littérature a unanimement loués : Aristide, Phocion, Socrate, Epaminondas, Scipion l'Africain, Caton l'Ancien, Caton d'Utique, Brutus et leurs pareils, qui en paix comme en guerre ont cherché à servir au mieux leur pays. Voilà le champ le plus fertile en gloire.

Phil. Mais parmi ces célébrités, Aristide ostracisé a dû quitter sa patrie ; Phocion et Socrate ont bu la ciguë ; Epaminondas a encouru la peine capitale, tout comme Scipion ; Caton l'Ancien a dû quarante fois se défendre en justice ; Caton d'Utique s'est suicidé, Brutus aussi. Je préfèrerais une gloire à l'abri de l'envie. [...]

Symb. Je vois, tu veux vivre agréablement, aussi tu crains l'envie. Tu n'as pas tort : "c'est la plus vilaine bête qui soit" !

Phil. C'est bien ça !

Symb. Eh bien, "cache ta vie".

Phil. Mais c'est la mort, ça, pas la vie ! [...]

Le Problème (vol. 2 p. 363-373) [les Antipodes inférieurs] :

Curio. Pourquoi les Antipodes, qui sont au-dessous de nous, ne tombent-ils pas dans le ciel qui est sous eux ? [1]

Alphius. Eux pareillement s'étonnent que tu ne tombes pas dans le ciel qui n'est pas sous toi, mais au-dessus. Le ciel en effet domine tout ce qu'il embrasse, et les Antipodes ne sont pas plus au-dessous de toi, que tu n'es au-dessus d'eux : ils peuvent être à l'opposé de nous, non

---

[1] Cette question de la pesanteur des "graves" et de l'accélération de leur mouvement dans l'air avait été longuement disputée et traitée par les philosophes antiques et médiévaux (voir P. Duhem, *Le Système du monde*, Paris 1958, notamment les volumes 8 à 10). Alphion défend sur ces points l'explication la plus commune, qui interdit toute communication d'un antipode à l'autre. Le CM prend, c'est le cas de le dire, le contre-pied de cette position : les Antipodes ne doivent-ils pas en effet penser à l'inverse des opinions reçues dans l'autre hémisphère ?

en-dessous. Tu pourrais plus justement t'étonner que les rochers qui soutiennent la terre des Antipodes ne tombent pas et ne percent pas le ciel [...]

Cur. Si quelque dieu forait la terre en son milieu, verticalement d'ici aux Antipodes, comme font les Cosmographes quand ils représentent la position de la terre par une mappemonde en bois, et qu'ensuite on jetât une pierre dans ce trou, jusqu'où irait-elle ?

Alp. Jusqu'au centre de la terre, où tous les corps s'arrêtent.

Cur. Et qu'arriverait-il, si les Antipodes aussi jetaient une pierre depuis le point opposé ?

Alp. Leur pierre rencontrerait l'autre pierre au centre, et toutes deux s'y reposeraient.

Cur. Voyons ! Si tu as dit vrai, le mouvement naturel s'accélère dans la chute, si rien n'y fait obstacle ; donc une pierre ou du plomb, jetés dans ce trou, vu la force de leur mouvement, dépasseront le centre, et continueront au-delà en vertu de la violence du mouvement.

Alp. Le plomb n'atteindra le centre que sous forme liquide. Mais la pierre, si la violence de son mouvement lui fait dépasser le centre, d'abord elle s'alentira, puis elle retournera au centre à la façon d'une pierre qui, lancée violemment en l'air, retombe au sol.

[Après nombre de réponses données sur des questions de tous ordres par Alphius à Curio, c'est ce dernier qui, interrogé a son tour, dit le fin mot de tant de curiosité]

Curio. Pour en finir, tu admets que rien n'est plus élevé que le ciel, partout où il surplombe le globe terrestre ?

Alphius. Je l'accorde.

Gur. Et que rien n'est plus profond que le centre de la terre ?

Alp. Assurément.

Cur. Entre toutes les espèces de choses, quelle est la plus lourde ?

Alp. L'or, je pense.

Cur. Je suis d'avis tout contraire.

Alp. Tu connais donc quelque chose plus lourd que l'or ?

Cur. Oui, et à maints égards.

Alp. Alors instruis-moi à ton tour, si tu sais ce que j'avoue ignorer

Cur. Ce qui a précipité les esprits ignés du sommet du ciel jusqu'au bas du Tartare, qu'on situe au centre de la terre, n'est-ce pas ce qui doit peser le plus lourd ?

Alp. Je l'accorde. Mais qu'est-ce ?

Cur. Le péché, qui a plongé là les âmes des humains, que Virgile appelle "les feux du souffle pur".

Alp. Si tu inclines vers ce genre de philosophie, j'accorde que l'or et le plomb, comparés au péché, ont la légèreté de la plume.

Cur. Comment ceux qui portent pareil fardeau voleront-ils au ciel ? Sûr, je ne le vois pas !

Cur. Qui s'entraîne à courir ou à sauter, non seulement se débarrasse de tout fardeau, mais retient aussi son souffle pour être plus léger. Et nous, pour ce saut, cette course qui nous emportera au ciel, nous ne chercherons pas à nous débarrasser de ce qui est plus lourd que tout plomb, toute pierre ?

Alp. Nous le ferions si nous avions le moindre grain de bon sens.

Le Colloque d'Erasme intitulé *L'Alchimiste* (vol. I p. 399) raille les chercheurs de la "pierre philosophale" ; mais la dénonciation de leur imposture n'a rien à voir avec celle de Des Périers.

III - A propos de la dispute des philosophes (Dialogue II).

Lucien (*cf.* supra) avait déjà imaginé des philosophes en train de s'invectiver pour des riens. Cette fiction a été esquissée, nous l'avons dit plus haut, par Erasme. Mais l'idée de mettre réellement en scène des théologiens est propre au XVIe siècle en son début : les luttes religieuses, surtout depuis l'apparition de Luther, avaient donné lieu à de nombreux écrits destinés à la représentation. "Le théâtre, toléré dans ses outrances en plusieurs occasions de l'année, protégé de la vindicte officielle par son caractère éphémère, souvent abrité sous l'anonymat, était assez peu contrôlé dans les premières décennies du XVIe siècle. Depuis longtemps le monde de la farce, de la sottie et de la moralité cultivait l'irrespect, la critique, parfois très vive, des institutions et des moeurs [...] Les tensions religieuses qui fissurent le monde chrétien dans le premier quart du XVIe siècle ne tarissent pas cette ressource dramatique ; plusieurs pièces prennent part, à leur façon, à la polémique du temps", écrit Claude Longeon dans sa Préface à La Farce des *Théologastres*[1], qui est un merveilleux témoignage de cette littérature de combat. Ecrite vraisemblablement entre 1526-1528, elle est due sans doute à la plume de Berquin. Connu en son temps pour ses traductions d'Erasme, il fut brûlé sur la place de Grève en 1529. Il se mettait lui-même en scène dans cette farce sous le nom de "Mercure d'Allemagne". Le débat porte pêle-mêle sur les arguties, l'ignorance de la Sorbonne, la pureté des textes évangéliques, les hardiesses des luthériens, la sottise et la cruauté de la répression : on ne quitte pas la quotidienneté des luttes religieuses. A l'inverse, le CM, dont nous avons souligné qu'il s'apparente au genre de la farce, renvoie dos à dos tous les acteurs et leurs querelles ; mais s'il ne prend pas parti, c'est par volonté de situer ailleurs et plus profondément la nature et l'origine de ce qui lui paraît si vain et ridicule.

La *Farce des Théologastres* est un texte admirable de fantaisie, mais difficile par sa langue et par les multiples allusions qu'il renferme. Nous croyons cependant nécessaire d'en donner le début et la fin : on mesurera la distance qui sépare la verve et le propos des deux textes. Nous expliquons les expressions difficiles. Le lecteur désireux de pousser plus loin l'examen se reportera à l'excellente édition de Claude Longeon.

THEOLOGASTRES commence
Per fidem quand je considere
La povreté et la misère
De ces theologiens nouveaulx
Qui ont laissé et mis arrière
Le gros latin[2], et n'en font chère,
Fidem, il en vient de grands maulx.
Omnes hunc leguntur graecum.
Tithon, bison. taph. ypsilon.
Etiam de hebraico.
Non legi de totum duo

---

1 Genève, Droz, Textes Littéraires Français, 1989, p. 17.
2 Le latin scolastique.

Aliquid, sed scio bene
Quod hic qui loquitur grece
Est suspectus de heresi. [1]
Je n' entends rien quant a my.
Je ne sçay plus comment parler ;
Je suis, et par terre et par l'air,
De la foy la fondation ;
Mais j'ay beau prier et hurler,
Je suis en parvipension[2].

FRATREZ[3]

Moy, je suis l'exaltation
De la devotion humaine,
Et souffre mainte passion
Pour entretenir son domaine.
Je sçay au may prescher la laine,
En aoust les gerbes à foison,
Et au Noël j'ay mainte paine
Pour prescher boudins et jambons.

FOY

Helas, que j'ay de passions !
Je me meurs, entendez à moy[4] !

THEOLOGASTRES

Fratrez, n'ay je pas là ouy Foy
Qui crye ?

FRATREZ

Ouy, elle est malade.

THEOLOGASTRES

Malade ? c'est bien au propos !

FOY

Helas, mon Dieu ! que je suis fade[5] !
Secourez moy, mes vrais suppots[6] !

THEOLOGASTRES

Dame, dont vous vient tel dépot
De santé[7] ?

---

1 Latin de cuisine, mêlé de mots grecs fantaisistes : "Tous maintenant lisent le grec ; tithou, bisou, taph, upsilon ; ajoutez l'hébreu ; je n'ai rien lu du tout de ces deux langues, mais je sais bien que celui qui lit le grec est suspect d'hérésie".

2 Je suis tenu pour rien.

3 Les moines

4 Portez-moi attention.

5 Faible.

6 Appuis.

7 Manque de santé.

FOY

Par une colique qui me exime[1] de aise et repos,
Dite passion sophistique.
Mon chef à mon coeur tant replique
Et s'est tant eloigné de luy
Que Simonie[2] la phtysique
M'a du tout mon bruit tolly[3].
Mereri et demereri,
Et une mode lunatique
D'arguer m'ont tant aneanti
Le corps que j'en suis tout étique.

FRATEZ

Quel mal avez vous ?

FOY

Sorbonique.
[...]

FRATEZ

Comment ?

FOY

Par une forme d'argument,
De cas mis sus, d'opinions,
De glose, de conclusions.
Il m'y fault trouver medecine.
[...]

FRATEZ

Ne te chault, on te trouvera[4].

MERCURE

Ha ! ne vous paiez point de mines !
Je ne crains point vos pouldres fines
Ne vos contras, ne vos ergotz.
Sachiez qu'il est[5], mes grands bigotz,
Si le texte vous n'entendez
Je me loueray[6], se vous voulez
A vous pour estre truchement.

---

1 M'arrache.
2 Vente des biens spirituels.
3 M'a enlevé toute ma réputation.
4 Deux ans après en effet, Berquin était "trouvé" et brûlé.
5 Sachez ce qu'il en est.
6 Je me mettrai à votre service.

FOY en soy levant
Je prie le Dieu du firmament
Donner joie et prospérité
A ceux qui m'ont donné santé,
A tousjours en sera memoire.

LE TEXTE

Et moy je prie le roy de gloire,
De mectre en son saint sanctuaire
Erasme le grand textuaire,
Et le grand esperit Fabri[1],
Et vous, Mercure, mon amy,
Qui endurez tant de gros motz
Des theologastres et bigotz,
Qui sont tout pleins de calumnie.

RAISON

Nous ennuyons la compaignie.
Prenons congié et hault et bas :
Messeigneurs, nous n'entendons pas
Toucher l'estat theologique,
Mais bien le theologastrique
Seulement. Nous congnoissons bien
Qu'il y a plusieurs gens de bien,
Theologiens et bien famés,
Lesquelz sont sans faulte animés
Et marris d'un tel fatras
De conclusions et de cas,
Nolitions, volitions,
Qui ne valent pas deux oignons ;
Et tout cela que avons faict
Est pour blasmer ce meschant faict.
Pour tant prenez tout en bon sens.

THEOLOGASTRES ET FRATREZ ensemble

Nous nous en allons mal contens.

RAISON

Laissez moy courir ces bigotz !
Pour parvenir à mon propos,
Et affin que ne vous ennuye,
Adieu, toute la compaignie.

---

1 Lefèvre d'Etaple

IV - A propos de l'épisode de Célia (Dialogue III)

La Belle dame sans mercy (1426) du poète Alain Chartier eut une vogue exceptionnelle jusqu'au XVIe siècle : il rapportait les réponses fières qu'une dame, insensible à l'amour, adressait aux prières de son amant : c'est d'elle que dans le CM Cupido rapproche Célia. Vers 1525, Anne de Graville, Dame d'honneur de la reine Claude, femme de Francois I^e, réécrivit dans une succession de rondeaux le poème de Chartier, et sa langue plus moderne explicitait les raisons de la Dame. La Célia de Des Périers en est l'imitatrice trop tard repentie. Nous donnons quelques extraits de ce dialogue d'Anne de Graville, dans l'édition de Carl Wahlund (Upsala, 1897). Nous en avons quelque peu modernisé l'orthographe :

L'amant

Je souffre mal trop ardant et trop chault
Et si voy bien que point ne vous en chault
Et de y penser n'avez aucun vouloir,
Quoique voyez que pour vous bien vouloir
Deuil et ennuy mon pauvre coeur assault.

Helas, Madame, est-ce si grief assault
Si le mien coeur vous ayme sans défault ?
En asservant [= asservissant] ma franchise et pouvoir,
Je souffre mal.

Jaçoit [= bien que] pourtant que mon servir ne vault
Vostre amitié, dont le bien est si hault,
Souffrez au moins le mien service avoir,
Car léaument [= loyalement] j'en feray mon devoir,
Vu qu'asservir en vous servant me fault.
Je souffre mal.

La dame.

Je vous supplye, dit-elle bassement,
Ostez de vous ce facheux pensement.
Vostre cuider laissera-il jamais
Ce fol propos et votre coeur en paix ?
Pensez-vous point le traicter aultrement ?
Deliberez de vivre honnestement,
Et essayez de y mettre appointement,
En dejectant de votre coeur ce faix,
Je vous supplie
Vous y perdrez, croyez-moi hardiment,

Tout vostre temps, sens et entendement ;
Et de cela, ma foy je vous promets,
Considerant qu'aucun compte n'en fais.
Pensez-y bien et vivez sagement,
Je vous supplie. [...]

La dame.

Il n'en meurt nul de cette maladie,
Combien que maint en languissant mendie
Pour acquérir de son mal reconfort,
Qui pourtant n'est si aspre ne si fort
Quoi qu'on en ait la cervelle estourdie.
Je croy assez qu'on peut avoir envie
Par desespoir de tost finir sa vie ;
Mais tout compte, ce n'est que desconfort,
Il n'en meurt nul.
Il vaut trop mieux, quelque-chose qu'on die,
Que un à part soy se fache ou se maudie,
Que deux ensemble eussent mal sans confort.
Et vous promets outre plus de renfort,
Que je dis vray. Qui que le contredie,
Il n'en meurt nul [...]

La dame.

De faire mal ou de penser grevance [= nuisance]
A autre ou vous, je n'eus onques puissance.
Mais j'ay voulu me deffier de tous,
Craignant tomber entre les mains des fols,
Dont les propos nous portent grand nuisance.
Si je ne veux de vostre congnoissance,
Où que je fuie, avoir vostre accointance,
Ce n'est pourtant que j'aye blame de vous
De faire mal.
Mais Faux-semblant, le traistre en contenance,
Est en aguet puis (= depuis) nostre age
Quoi que souvent monstre visaige doulx
Pour nous tromper. Mais chacune de nous
Y doit le guet pour fuir la meschance [=malchance]
De faire mal. [...]

La dame.

C'est trop fache (= vexant) ! Souvienne-vous du dit
Que je vous ay par plusieurs fois predit :
Contente suis que seul juge en soyez.
C'est que une fois pour toutes vous croyez
Que de cela vous demourrez [= demeurerez] esconduit.
Par si long temps je vous ay contredit,

Et mon vouloir plus de cent fois redit.
Je ne scay pas pourquoi tant m'essayez.
C'est trop fache !
A moy n'avez ni mal fait, ni mal dit.
Mon coeur et moy n'avons de vous mesdit.
Grand tort avez si vous en deffiez.
De tant redire acertes m'ennuyez,
Quand je vous ay mon vouloir assez dit.
C'est trop fache !

L'acteur.

Ainsi partit de la feste pleurant,
Tout hors du sens disant : Viens accourant,
Mort despiteuse, avant que par destresse
De trop aimer mon sens se descongnoisse
Et que ne fine en me desesperant !
Je luy voulus lors estre secourant,
Et tout soudain, je vins vers luy courant.
Mais je ne scus qu'il [=ce qu'il] devint à [=dans] la presse.
Ainsi partit.
On me dit bien qu'il s'en alloit tirant
Tous ses cheveulx, et qu'il alloit mourant
Par grand courroux et extresme tristesse,
Et qu'aucun deuil n'en a pris sa maistresse,
Combien qu'il fust par griefs plaints [=lourdes plainte] soupirant.

Extrait de la *Comédie de Mont de Marsan* (1548), pièce de Marguerite de Navarre. On sait le parti que V-L. Saulnier a tiré du personnage de la Bergère, qui dans cette pièce porte aussi le nom de "la ravie de l'Amour de Dieu". Il y voyait le modèle qui aurait servi à Des Périers pour sa Célia. Cette Bergère, qui ne sait que chanter et rire, sert de contrepoint aux trois autres personnages : la Mondaine, qui n'écoute que son corps, la Superstieuse, qui n'est que dévotion extérieure, la Sage, qui croit au pouvoir de sa "raison". Nous reproduisons ici le poème de la Bergère, sur lequel se clôt la "Comédie", d'après l'édition que V. -L. Saulnier en a donnée (Droz, T. L. F. 1960) :

La Bergere

O doux amour ! ô doux regard,
Qui me transperse de ton dard !

O l'ignoré !
L'amy de moy tant adoré,
Le vertueulx mal honoré
Et l'incongnu
Pour tout autre qui n'est tenu !
L'un est dict vestu, qui est nud,
Et l'autre, obscur
La coriette (= courroie) quittant, le mur,
Et le caillou sy fort est dur :
on le dict mol :
Et le saige on nomme fol,
Et qui est Pierre, on nomme Pol.
Ainsy chacun
Parle son langaige commun.
Mais mon couer qui n'en aime qu'un
D'un seul caquet,
J'obliant Jaques et Jaquet,
Corps, chemise, cotte et jaquet,
Homme et habis,
Tresor et biens, moutons, brebis,
Boire, manger, pain blanc ou bis,
Plaisir, sancté,
Pour plaisir ne peult frequenter
Plus ami, et tant plus le enter.
Helas ! j'ay peur
De n'aymer poinct d'assez bon cueur,
ou de faincte amour, quelle orreur !
Sy j'aimais fort,
Cest amour me donroit la mort...
Mais puis que suis vivant, au fort,
Je n'ayme assez.
Bras et gembes seroient lassez,
Sy d'amour estoient pourchassez...
Non, mais plus forts,
Car amour par ses grandz effors
Peult bien ressuciter les mors.
Or t'esvertue,
Amour, et tout soudain me tue.
Puis, quant tu m'auras abatue,
Me feras vivre.
Pour toy veulx estre folle et yvre
Sans jamais en estre delivre
Mais toy, amour,
S'il te plaict me faire ce tour,
Que tu me brusles sans sejour,

Ton consummer
Me donra ung estre d'aymer,
Me rellevant pour m'assommer,
Et ta lumiere,
Qui en moy sera toute entiere,
Comme toy me fera legiere.

Tu l'as faict et je t'en mercie.
Voila l'estat de la bergère
Qui suivant d'amour la banniere
D'autre chose ne se soucye.

V - A propos des Antipodes : Les Ecritures et la réalité (Dialogue I et fin du Dialogue IV)

Le renversement inattendu qui, à la fin du CM, donne à lire la voix des "Antipodes inférieurs", relativise soudain les petits débats que nous avons entendus et qui étaient ceux de l'hémisphère soi-disant "supérieur" : il projette sur eux un autre éclairage qui ne vient ni des des dieux, ni des hommes, mais de leur envers commun.

Depuis l'Antiquité, la question des Antipodes était un lieu commun des naturalistes et cosmographes. A la suite de Platon, d'Aristote ou de Ptolémée, les Grecs avaient admis leur existence, quelle que fût la forme, sphérique ou plate, qu'ils donnaient à la terre. Ils excluaient cependant qu'il pût y avoir quelque communication que ce soit avec eux. Les Latins avaient suivi le pas, Cicéron, Pline l'Ancien, ou Macrobe par exemple, à l'exception notable de Lucrèce. La question fut relancée par Lactance (IIIe siècle) et saint Augustin (IVe), qui nièrent l'existence des Antipodes pour des raisons essentiellement théologiques : comment admettre une race de "préadamites", qui aurait échappé à la Faute originelle ? Leur opinion avait prévalu durant le Moyen Age :

Saint Augustin, *Cité de Dieu*, XVI, ix (trad. G. Combès, Desclée de Brouwer, Bibliothèque augustinienne 36, p. 213-214) : "Quant aux fables relatives aux antipodes, c'est-à-dire foulant la face de la terre opposée à la nôtre, où le soleil se lève quand chez nous il se couche, nous n'avons aucune raison de les admettre. Cette affirmation ne repose sur aucune donnée historique, elle est une pure conjecture de la raison : la terre, dit-on, est suspendue à l'intérieur de la voûte céleste et, pour le monde, le lieu d'en-bas est le même que celui du milieu ; d'où l'on conclut que la partie de la terre située en dessous ne peut manquer d'être habitée par des hommes. On ne remarque pas que, même en admettant que le monde a une forme sphérique et ronde, serait-ce même démontré, il ne s'ensuivrait pas que la partie inférieure de la terre ne soit pas couverte de masses d'eaux ; et même si elle ne l'était pas, il n'est pas de ce seul fait nécessaire qu'elle soit habitée. Mais parce que l'Ecriture ne ment pas, elle qui fonde la confiance aux faits narrés par l'accomplissement fidèle de ses prédictions, et qu'il y aurait trop d'absurdité à soutenir que les hommes aient passé en naviguant de cette partie à l'autre à travers l'immense océan, comment, même là-bas, le genre humain aurait-il pour origine l'unique premier homme ? "

Pourtant, dès le XIIIe siècle, "l'autorité" de ce texte est réexaminée : le débat qui s'instaure porte sur la configuration de notre planète, et l'idée qu'on s'en fait n'exclut plus l'existence des Antipodes. Mais ce fut l'occasion de poser une autre question beaucoup plus radicale : à quoi faut-il accorder foi, à quels textes ? aux sacrés, aux profanes ? à l'Ecriture sainte, à l'expérience ? Comment accorder la réalité peu à peu découverte avec des écritures dont le crédit était toujours très puissant ? Cette question ouvre le CM, elle le termine aussi avec l'intervention des Antipodes.

Ainsi, Pierre d'Ailly (1350-1420), qui a médité les leçons de Nicolas Oresmes, balance les arguments des textes et ceux de l'expérience dans son *Ymago Mundi* (début XVe), à propos de "l'habitabilité" des régions de la terre : "Ainsi que nous y avons fait allusion, quelques auteurs prétendent que la troisième zone [i. e. l'équatoriale] est inhabitable ; d'autres affirment le contraire, à savoir que cette région est tout à fait tempérée, principalement vers le milieu, sous l'Equateur. Telle fut l'opinion d'Avicenne. On fournit quelques arguments pour avancer que la chaleur qui règne dans cette zone en raison de la proximité du soleil peut se tempérer par suite de certaines circonstances [...] Au sujet de la quatrième zone, située entre le tropique d'hiver et le cercle antarctique, ainsi que nous l'avons déja dit, les uns la disent aussi tempérée et habitable que la deuxième zone que nous habitons. Ces auteurs ajoutent que dans cette zone sont les Antipodes, susceptibles d'avoir des régions et des habitats comme notre zone, mais que leur hiver arrive à l'époque où nous sommes en été et inversement ; que d'autre part ils sont à l'époque du printemps au moment où nous sommes en automne et inversement. Toutefois d'après ces auteurs, il ne saurait y avoir de communication entre eux et nous, parce qu'il faudrait traverser la zone torride et les tropiques. D'après cette opinion la population de cette zone n'aurait pas connu la prédication du Christ et des Apôtres contrairement à l'affirmation sacrée : "Et leur parole fut entendue dans tout l'univers". Mais dans son chapitre 16 de la *Cité de Dieu* saint Augustin réprouve cette théorie. Toutefois certains auteurs prétendent que c'est là une fable et que la quatrième zone est en majeure partie couverte d'eau ; à cela ils apportent des raisons assez probantes [...]

Dans cette variété d'opinions, je ne rapporte pas les arguments purement conjecturaux parce qu'en ces matières il ne convient pas de s'arrêter aux raisons de l'imagination, mais bien plutôt aux faits de l'expérience et aux théories vraisemblables"(*Ymago Mundi*, trad. Edmond Buron, Libraire orientale et américaine, 1930 vol. 1 chap. 7 p. 199-201)

Il y a beaucoup d'embarras dans tout ce texte, et P. d'Ailly se garde de trancher péremptoirement.

Puis vient le temps où les navigateurs prouvent que les Antipodes existent bel et bien, et que la fameuse "zone torride" est franchissable sans dommage : Colomb le consigne dans les marges de son exemplaire de l' *Ymago Mundi* de d'Ailly :

"Zone torride. Elle n'est pas inhabitable, car les Portugais y naviguent aujourd'hui. Elle est même très peuplée [...] Dans la zone qui se trouve autour du cercle antarctique, laquelle est aussi tempérée que la nôtre, habitent les Antipodes. Ils sont en hiver quand nous sommes en été et inversement".

Les récits des voyageurs ne cesseront de corroborer ce fait d'expérience[1]. Il faudra bien en conclure que nous pouvons communiquer avec les Antipodes, et l'on aurait pu croire que la bataille était gagnée. Pourtant, il fallait encore tenir compte de l'autorité des écritures antérieures, tenter de les accorder avec la réalité : leur poids ne s'était pas dissipé sous le coup. En 1534 le mathématicien Joannes Stoefler publie une *Sphaera Mundi* dans laquelle il réfute encore longuement ceux qui nient les Antipodes. Mais quand il en vient à Augustin, il s'efforce avec intelligence d'expliquer son opinion et de le défendre contre toute imputation d'erreur : Augustin pensait avec les données de la science de son temps. Je risque cette traduction du passage :

"J'en viens maintenant aux auteurs, et d'abord au divin Augustin, lequel nie les Antipodes. Son avis, je le tiens pour bon en son temps. En effet ce Père, si appliqué aux mathématiques, s'est détourné, non de la vérité, mais de la tradition peu sûre et non conforme au vrai, que rapportaient quelques écrivains sur la question des Antipodes selon l'idée qu'ils se faisaient de la mer et de la terre. A mon sens, il ne faut pas suivre non plus les théologiens modernes qui s'accordent avec Augustin, lorsqu'au chapitre 8 du Livre 16 de sa *Cité de Dieu*[2] il conclut que tous les humains peuplant la terre, même s'ils ont des figures et des formes monstrueuses, à supposer que ce soient des humains, ont Adam pour origine, seul protoplasmeur. Au chapitre ix suivant, il rejette et réfute l'idée des Antipodes comme vaine et frivole. Si en effet ils étaient tels que les Anciens les croyaient, à une époque où personne de notre hémisphère n'en avait rencontré, Augustin n'aurait jamais pu en faire remonter leur origine à Adam. Je dis qu'aucun propos d'Augustin ne peut conduire à cette conclusion. Bien

---

1 Voir par exemple G. Atkinson, *Les nouveaux horizons de la Renaissance française* Paris Droz, 1935, notamment p. 255-261).

2 Au chapitre vii, Augustin abordait la question du peuplement des îles : les hommes avaient pu s'y rendre en bateau avec des animaux ; à moins que les anges n'aient transporté ces derniers là-bas. Au chapitre viii, il traitait des monstres humains (cyclopes, "pygmées", cynocéphales etc.), et il affirmait que tous descendent également d'Adam. Le chapitre ix enfin, que nous avons cité, était réservé aux Antipodes.

plus on peut inférer l'inverse du chapitre vii de ce même livre. Si en effet les animaux nuisibles, cruels, si les bêtes sauvages ont pu par la permission de Dieu être transportés sur les îles les plus lointaines, pourquoi pas les humains aussi, seigneurs de la terre et des animaux ?

Si ce grand maître de l'Eglise chrétienne, si appliqué aux Arts, était venu à notre époque, si on lui avait montré que la terre est presque continue, que l'habitat humain s'y étend sur 180 degrés, sans l'obstacle d'un océan non navigable ou d'une zone torride infranchissable, et que les humains habitent d'un bout à l'autre sur le diamètre du parallèle le plus grand, ainsi que nous l'avons expliqué, assurément jamais il n'aurait nié les Antipodes, et il aurait prêté l'oreille à cette démonstration infaillible ; il aurait rejeté les affabulations puériles des Anciens. Mais en voici assez sur Augustin" (p. 51 v°).

On voit les résistances que les textes anciens, surtout quand ils venaient des autorités de l'Eglise les plus vénérées, offraient à la réalité[1]. C'est la question qui est abordée dans le premier Dialogue du CM : que faut-il croire ? ce qu'on voit, ou bien la tradition scripturaire ? On sait combien la réponse était à dessein ambiguë.

La lettre que les deux chiens trouvent au dernier Dialogue, a été perdue sur le chemin par des Antipodes qui sont venus jusqu'à nous : puisqu'ils sont nos doubles antithétiques, ils se devaient de découvrir à leur tour notre monde. Pour cela, ils ont pris la voie maritime qui fut aussi la nôtre, mais elle n'est pas à leur convenance, et ils s'obstinent à revendiquer la voie directe, celle qui traverse le centre de la terre, et que pour des raisons "scientifiques" Erasme raillait encore (*cf.* le texte ci-dessus). A leurs yeux, cette voie a été "estouppée" par les humains,

---

[1] Franck Lestringant note justement "qu'il existe sans doute dans le genre cosmographique à la Renaissance une tradition bien établie d'insolence. Les modernes navigateurs, qui ont franchi la zone torride et rencontré des Antipodes, s'amusent aux dépens des Anciens et des Pères de l'Eglise", et il cite à l'appui la façon dont Pierre Apian, en 1544 ironise sur les "frivoles arguments" de Lactance et de saint Augustin (*André Thevet, Cosmographe des derniers Valois*, Droz, 1991, THR n° CCLI, p. 203). Nous sommes déjà plus loin dans le siècle, et André Thevet lui-même dans un chapitre de ses *Singularitez de la France Antarctique* (1557) se croit encore obligé de discuter "longuement la question de savoir s'il existe ou non des Antipodes, pour conclure par l'affirmative", non sans éviter "la confusion la plus extrême" (ibid. p. 113). La question n'était donc pas encore réglée, et un Belleforest accusait Thevet de blasphème pour avoir contredit l'Ecriture Sainte.

qui ne chérissent tant la "nouveauté", avec ses contours et détours, que pour interdire l'irruption franche, directe, de la Vérité, et se fermer à elle. Les Antipodes sont l'autre part de nous-mêmes, notre mauvaise conscience ; par delà le centre-ventre de la terre, en-deçà de l'antre où chacun dissimule à tous et à soi-même son propre enfer, ils représentent l'ombre de nous-mêmes que nous n'osons pas regarder en face, craignant d'y voir le double de notre vanité. Sur le même sujet, Lucien avait rapporté un mot du philosophe Démonax, qui peut-être éclaire le propos sur lequel se ferme le CM : "Un physicien disputait sur les antipodes. Démonax le fit lever et l'ayant conduit à un puits, il lui montra son ombre dans l'eau et dit : "N'est-ce pas ce que tu appelles les antipodes ? " (*Démonax*, vol. 2 p. 210).

A cette sagesse, il est vrai, fait écho, dans *Le Navigateur ou les souhaits* du même Lucien, la folle curiosité de Timolaos, qui imagine ainsi les plaisirs qu'il se donnera, si Hermès lui accorde l'anneau qui permet de satisfaire tous les désirs : "Avec ces avantages, je ne manquerai de rien ; car tous les biens des autres seront à moi, puisque je pourrai ouvrir les portes, endormir les gardiens et entrer dans les maisons sans être vu. S'il y a dans les Indes ou les contrées hyperboréennes quelque spectacle extraordinaire, quelque objet de haut prix, des mets, des boissons délicieuses, je n'enverrai pas les chercher, j'y volerai moi-même et je jouirai de tout à satiété. Les autres n'ont jamais vu le griffon, ce quadrupède ailé, ni le phénix, cet oiseau des Indes : moi j'irai les voir. Je serai le seul qui connaîtrai les sources du Nil et les contrées inhabitées de la terre et s'il y a des antipodes qui habitent l'hémisphère austral".

Plus d'un dans le CM fait de pareils rêves ; il pourra lui en cuire ; car les Antipodes n'ont pas été créés pour satisfaire notre curiosité et meubler notre ennui ; ils font même entendre une vérité qui, pour être sise à l'opposite de ces appétits de jouissance et d'égoïsme, n'est pas forcément rassurante.

INDEX VERBORUM

On s'habituera vite aux particularités orthographiques de certains termes courants, tels que “ung” pour “un”, “aultre” pour “autre”, “fault” pour “faut” etc. La marque du pluriel des mots variables autres que les verbes est souvent un “z., surtout quand ils ne se terminent pas par un “e” muet. Les mêmes termes ont souvent une graphie différente, ce que savent bien tous ceux qui ont l'habitude de lire les textes de ce temps. L'antécédent “ce”, “celui” est généralement omis devant les relatifs “que”, “qui”.

ACCIDENT : événement.

ACOMPARAGER : comparer.

ADRESSER (s') : se diriger vers.

AFFAIRE de (avoir) : manquer de, avoir besoin de.

AINS : mais ; ainsi.

AIX : planche de bois ou de carton servant aux relieurs pour la couverture des livres.

APOINT : à propos.

APOINTEMENT : accord entre les parties adverses.

AREINE : sable.

AUDIVIT : droit de se faire écouter, autorité, crédit.

AULCUN (sans négation) : quelqu'un

AULTRE (sans) : rien d'autre.

AUTEUR, AUCTEUR : inventeur.

BADIN : sot, niais.

BAILLER à (en) : en faire voir à.

BEC (n'avoir que le) : n'être capable que de parler

BELISTRE : mendiant, gueux, indigent (*cf. Pronostication des pronostications* : “belistres de nouvelles” : affamés de nouvelles).

BOUGRE : sodomite, licentieux.

CAREQUANT : large collier (souvent associe, dans les textes, au jaseran ; *cf.* par exemple, Gargantua I-56, *Les Tragiques*, IV, v. 1315-66).

CAS : événement, affaire, chose.

CAUT : fourbe.

CHOMMER : attendre, être inactif.

COMPTE : conte.

CONVERSER : vivre avec, être en rapport avec.

COPIE : double ; usage, jouissance.

COQUIN : gueux, mendiant.

CUYDER : penser, estimer.

DEA : interjection (*cf.* oui-da).

DESDUIT : amusement, distraction, divertissement.

DONT : d'où

ENROLLER : écrire le nom de quelqu'un sur une liste.

GALLAND : gaillard.

HARER : crier “haro” pour exciter les chiens.

HUSCHER : appeler (le huchet était une petite trompe pur appeler les chiens).

IMPETRER : demander, obtenir.

INFAME : deshonoré, qui a perdu sa réputation.

JASERAN : chaîne de cou en mailles plus fines que le carequant.

LIBRAIRE : imprimeur-relieur-éditeur.

LIBRAIRIE : bibliothèque ; maison d'édition.

MAIN (faire sa) : faire son coup (de main).

MANIE : folie.

MARAUD : mendiant, filou.

MESMEMENT : surtout, notamment.

MON (c'est) : c'est clair, oui certes.

MURDRIR : meurtrir.

MYE : morceau.

OFFICE : charge, devoir.

NAVEAU : navet.

OUAILLES : brebis.

PETIT (ung) : un peu

PLEIGER : faire raison à quelqu'un en buvant, défier quelqu'un à la boisson.

POILLE : poêle.

POISON : potion, drogue.

POTENCE : béquille.

POUR (+ intinitif) : parce que, pour la raison que.

POURCE : c'est pourquoi.

POURCE QUE : parce que.

PREMIER QUE : avant que.

QUILLART : jeu de quilles.

RASSOTE : devenu sot, retombé en enfance.

REBARBATIF : formé à partir de "rebarber" : résister, tenir tête.

RECHIGNER : se disputer.

RECORDER (se) : se souvenir.

REINSSER : rincer.

RIÈRE : arrière.

REQUERIR : demander.

ROBEUR : voleur.

RIEN (sans négation) : quelque chose.

SI : pourtant ; ainsi.

SUFFOCQUER : étouffer quelqu'un.

TANTOST : rapidement.

TEMPESTATIF : turbulent, violent, colérique.

TOURET DE NEZ : demi masque qui cachait le haut d'un visage féminin.

TRAFICQUER : avoir affaire avec quelqu'un.

TRANSLATER : traduire.

TRUANDER : mendier.

VELOUX : velours.

VERTU : courage ; propriété, effet.
VOIRE, VOIREMENT : vraiment.
YMAGE : statue.

Pour une étude approfondie d'un certain nombre de termes du CM, on se reportera à l'article de Kurt Baldinger (B14).

INDICATIONS BIBLIOGRAPHIQUES

Pour une bibliographie complète jusqu'en 1980, on se reportera à l'ouvrage de William Boerner cité ci-dessous. Nous avons essayé de la compléter.

EDITIONS

1 - *Cymbalum Mundi.* Paris, Jehan Morin, 1537 (un seul exemplaire connu ; à la Bibliothèque de Versailles), petit in-8 de 32 ff.

2 - *Cymbalum Mundi.* Lyon, Benoist Bonyn, 1538 (deux exemplaires connus, l'un à la B. N. de Paris, l'autre à la Bibliothèque du Musée Condé de Chantilly), in-16 ou petit in-8, 28 ff.

3 - *Cymbalum Mundi*, ed. par Prosper Marchand, Amsterdam, 1711.

3 bis - *Cymbalum Mundi*, ed. par Prosper Marchand, avec des remarques de B. de la Monnoye, Lancelot, Falconet. Amsterdam, 1732.

4 - DES PERIERS Bonaventure. *Oeuvres françoises*, ed. par Louis Lacour, Paris, Jannet, 1856, 2 vol.

5 - *Cymbalum Mundi*, ed. par Félix Frank. Paris Lemerre, 1873.

6 - *Cymbalum Mundi*, facsimilé de l'édition de 1537, par Pierre Paul Plan, Paris, Soc. des Anciens livres, 1914.

7 - *Cymbalum Mundi*, établi et présenté par Peter H. Nurse. Oxford, éditions de l'Université de Manchester, 1958.

7 bis - Réimpression de l'édition précédente, avec une préface de Michael A. Screech, Genève Librairie Droz, Genève, T. L. F. 1983.

ETUDES D'ENSEMBLE

8 -BECKER Philipp - August. *Bonaventure des Périers als Dichter und Erzähler*, Wien, 1924.

9 - BOERNER Wolfgang. *Das "Cymbalum Mundi" des Bonaventure Des Periers. Eine Satire auf die Redepraxis im Zeitalter des Glaubensspaltung*. München, Wilhelm Fink Verlag, 1980, 416 p.

10 - CHENEVIERE Adolphe. *Bonaventure des Périers. Sa vie ses poésies*. Paris, Plon, 1886, 261 p.

11 - FRANK Félix et CHENEVIERE Adolphe. *Lexique de la langue de B. Des Périers*, Paris, 1888.

12 - FEBVRE Lucien. *Origène et Des Périers ou l'énigme du "Cymbalum Mundi"*, Paris, Librairie E. Droz, 1942, 145 p. 8.

13- NEIDHART Dorothea. *Das "Cymbalum Mundi" des Bonaventure Des Periers. Forschungslage und Deutung*, Genève, Librairie E. Droz, Paris, Minard, 1959, 178 p.

ETUDES PARTICULIÈRES

14 - BALDINGER Kurt. "Neues zum Cymbalum Mundi" (*Zeitschrift für romanische Philologie*, Tübingen, 1986).

15 - BOERNER Wolfgang. "La mythologie antique dans l'oeuvre de Bonaventure Des Périers" (*Mercure à la Renaissance*, Paris, Champion, 1988).

16 - BOHATEC Josef. "Bonaventure Des Périers" (*Revue historique* 1939).

17 - BUSSON Henri. *Le rationalisme dans la littérature française de la Renaissance*, Paris, Vrin, 1957, (p. 178-190).

18 - DELARUELLE Louis. "Etude sur le problème du *Cymbalum Mundi*" (RHLF, XXXII, 1925, p. 1-23).

19 - FEBVRE Lucien. "Une histoire obscure. La publication du *Cymbalum Mundi*" (RSS XVII, 1930, p. 1-41).

20 - HEARTER Ingman. "Silence, Harpocrates and the *Cymbalum Mundi*" (BHR LI, 1989, p. 569—577).

21 - JANNERET Michel. "La lecture en question" (*French Forum*, 1989).

22 - KUSHNER Eva. "Structure et dialogue dans le *Cymbalum Mundi*" (*Crossroads and perspectives* [...]*Studies on honour of Victor E. Graham*, THR, CCXI, 1986).

23 - LAUVERGNAT-GAGNIERE Christiane. *Lucien de Samosate et le lucianisme en France au XVIe siècle. Athéisme et polémique*, Genève, Librairie Droz, 1988, THR CCXXVII, p. 262-274.

24 - LEFRANC Abel. *Pantagruel*, ed. crit. p. LXI-LXIX, Paris, Champion, 1912.

25 - LEFRANC Abel. "Rabelais et les Estienne. Le procès du *Cymbalum Mundi* de Bonaventure Des Périers" (RSS XV 1928, p. 356-366).

26 - MAYER C. A. "The lucianism of Des Periers" (BHR 1950 p. 190-207))

27 - MORRISON Ian R. "The *Cymbalum Mundi* revisited" (BHR XXXIX 1977 p. 263-280)

28 - NODIER Charles. "Notice littéraire sur Bonaventure des Périers", en tête de l'édition donnée par P. -L. Jacob des *Contes ou les nouvelles récréations et joveux devis*, Paris, Gosselin, 1841 (c'est la reprise d'un article sur Des Périers paru en 1831 dans la *Revue de Paris*).

29 - NURSE Peter-H. . "Erasme et Des Périers" (BHR XXX, 1968, p. 53-64.).

30 - PEACH Trevor. "Aux antipodes de la communication" (BHR L, 1988 p. 281-287).

31 - PEACH Trevor. "Notes sur l'exemplaire unique de la première édition du *Cymbalum Mundi* (BHR LIV, 1992 p. 715-723).

32 - SAULNIER Verdun-Louis. "Le sens du *Cymbalum Mundi* de Bonaventure Des Périers" (BHR XIII, 1951, p. 43-69 et 137-171).

33 - SCHMITH Malcolm C. . "A Sixteenth-Century Anti-Theist (on the *Cymbalum mundi*)" (BHR, LIII, 1991).

34 - SCREECH M. -A. . "The meaning of the title *Cymbalum Mundi*" (BHR XXI, 1969, p. 343-345).

35 - SOMMERS Paula. "The Cymbalums's sheperdess. Mysticism or satire ? " (BHR XLI 1979 p. 583-587)

36 - SOZZI Lionello. "*Les contes de Bonaventure des Périers*", Turin 1965.

37 - SPITZER Wolfgang. "The meaning of Bonaventures des Periers's *Cymbalum Mundi*" (Publications of the Modern Language Association of *America* LXVI, 1951, p. 795-819).

38 - WEINBERG Florence. "*La parolle faict le jeu* : Mercury in the *Cymbalum Mundi*" (*L'Esprit créateur XVI*. 1976, p. 48-62)

39 - WENCELIUS Léon. "Bonaventure des Périers, moraliste ou libertin : une nouvelle interprétation du *Cymbalum Mundi* "(*Bull. de l'Assoc. Guillaume Budé*, 1949, p. 191-194).

40 - WIRTH Jean. Compte rendu de l'étude de W. Boerner (BHR 1982).

41 - *Mercure à la Renaissance.* Actes de la Journée d'Etude des 4-5 octobre 1984, Lille, publiés par M. -M. de La Garanderie. Librairie Honoré Champion, 1988.

LISTE DES ABREVIATIONS

BHR : Bibliothèque d'Humanisme et Renaissance

RHLF : Revue d'histoire littéraire de la France

RSS : Revue du Seizième siècle

THR : Travaux d'Humanisme et Renaissance

TABLE DES MATIÈRES